新

スーパーマーケット革命

a supermarket revolution

ビッグビジネスへのチェーン化軌道

桜井多恵子
Taeko Sakurai

ダイヤモンド社

本書は『Chain Store Age』2011年５月1日号〜2013年10月15日号に連載された「食品スーパー大革命！」を全面的に加筆・再構成したものである。

はじめに

日本の近代流通業の歩みは、1960年前後の黎明期からすでに50年以上になる。売上高1兆円を超える小売業はいまや、日本型スーパーストアを主体としたイオン、コンビニエンスストア主体のセブン&アイ・ホールディングス、家電専門店のヤマダ電機、百貨店の三越伊勢丹ホールディングスと、4社登場している。しかし、そこにはSM（スーパーマーケット）主力企業は含まれていない。

日本リテイリングセンター調べのビッグストア（直営売上高50億円以上の小売業）基本統計によれば、2013年決算の売上高ランキングで先の4社に続く企業のフォーマットの多くは日本型スーパーストア、家電専門店、百貨店であり、ようやく15位にSMのライフコーポレーション（約5000億円）が登場する。アパレル専門店のファーストリテイリングやディスカウントハウスのドン・キホーテより規模が小さいのだ。この現象は世界レベルで見ると特異である。

食品は1日3回以上食べるため、あらゆる商品群の中で最も購買頻度が高い。どこの国でも小売業の売上高ランキングのトップグループにはSM企業が複数登場するのが常である。

アメリカの場合、SM専業のクローガーが売上高約9・6兆円で小売業ランキングの4位に登場する。アメリカの人口は日本の約2・5倍だが、SMのトップ企業の規模は19倍もある。さらにランキングにはクローガーを含め15位までにSM3社がランクインする。

日本ではSMが未だかつて一度も大チェーンに育ったことがない。最大規模の日本型スーパーストアの食品部門も、トップのイオンリテールが1兆853億円(2013年2月決算)で、1兆円を少し超えるくらいである。

これは、日本のSM企業が中小多数あって、長年に渡って同質競合していることを示している。突出する企業がなく競争にさらされていないのだ。日本独特というより日本のSM業界独特の現象である。

同質競合状態ほど経営者にとって楽なことはない。どの企業も革新的な実験に手を染めず、同じようなことをしていれば伸び率は下がったとしても倒産することはないからだ。それぞれがドミナントエリアを構築し、互いに縄張りを維持していれば競争は起きなかったのだ。

しかし、日本でもこの10年でコンビニエンスストア(CVS)、ドラッグストア(DgS)、ディスカウントハウスなど他フォーマットからの食品分野への攻勢が強まった。

相も変らぬ短期特価特売を続けるうち、SMの荒利益率は低下している。仕入れ方式は大手ベンダー頼みで原価を下げられない。そのうえ業務システムは旧態依然とした人海戦術のままだから、店舗運営コストは特売回数が増えれば増えるほど増加する。減る荒利益率と増える経費率でこの10年間、ＳＭの営業利益率は低下し続けているのである。

それにもかかわらず多くのＳＭ企業が危機感を持っているとは思えない。あいかわらず利益率の低い企業におけるパート従業者の店段階での創意工夫がモデル事例として話題になる。「手づくり」「地産地消」「顔が見える」などすべてが個人経営のレベルである。他産業と他フォーマットが取り入れているインダストリアリズムとは別世界の、ビッグビジネスとしては実るはずのない努力を続けているのである

しかし、生活者にとってＳＭは週に2回も来店するほど身近なフォーマットである。近所のスーパーは毎日の食生活でお世話になる、なくてはならない店なのだ。だからこそ日本のＳＭは日本人の食生活をリードしなければならない。コンビニエンスストアの30坪ではできない、広い面積だからこそ可能な食生活の便利さと楽しさを、商品とその提供方法の革新で実現して欲しいのである。

生活者の実態は大きく変化している。「人口の高齢化」と「女性の社会進出」は、食習慣を根本から変える。そこには食品フォーマットとして急速成長の大きなチャンスが潜んでいると考えられるのだ。

日本のＳＭ業界に突出した企業が出現していない以上、方法の選び方によっては中規模ＳＭ

にも成功の可能性が大いにある。日本人の食生活向上のためにぜひ本格的なチェーンシステムに基づくSSM（スーパー・スーパーマーケット）のチェーン化に挑戦して欲しい。

そのために本書では、日本のSMが成し遂げるべき新たな革命の方向性と具体的な内容を、順を追って説明する。

個々の技術問題、例えば「組織開発」「教育システム」「数表分析手法」「出店とショッピングセンター開発」「品揃え」「商品開発」「重点販売」「店内レイアウト」「業務システム」などについてはチェーンストアの方法論が確立されている。従って方向性さえ明確になれば、それを学ぶことで解決できる。人材は揃っているはずだから、幹部がそれぞれのテーマを分業して改革に取り組んで欲しい。

平成26年7月

日本リテイリングセンター　シニア・コンサルタント
桜井多恵子

新・スーパーマーケット革命

目次

第1章 日本のSM業界の現状と問題点

第4章 新・SM革命における「仕組みづくり」

第5章 新・SM革命における「店舗づくり」

第1章

日本のＳＭ業界の現状と問題点

Supermarket

1. 日本の小売業におけるＳＭの特殊性

■多すぎる企業数、少なすぎる1社当たり店数

まずは図表1を見て欲しい。日本の年商50億円以上の小売業のフォーマット別統計「ビッグストア基本統計」である。この統計は日本リテイリングセンターが１９６９年（昭和44年）から毎年47年間にわたって調査・発表しており、対象企業には上場企業も非上場企業も含まれている。

この統計の特徴は、直営小売店の純売上高（消費税を含まず）のみを対象にしていることである。多くの同種の統計ではテナント売上高、ＦＣ売上高、不動産賃貸料収入、海外売上高、卸売上高、ドラッグストアの場合は調剤薬局の売上高などを含めているが、この統計ではそれらをできる限り除外している。

チェーンストアを志向する企業（百貨店はチェーン化を目指していないので除外）のうち、総合に分類される年商50億円以上のスーパーマーケット（ＳＭ）は３９２社で、他のフォーマットと比較して桁違いに多い。さらに経営形態は違っても実質はＳＭの生協は51社で、合計すると日本には年商50億円以上のＳＭが４４３社も存在することになる。

図表1　ビッグストア基本統計：フォーマット別に見る1社当たり店数と1店当たり人口

	項目	集計企業数	集計店数	1社当たり店数		1店当たり人口	
	単位	社	店	店		万人	
フォーマット・業種	年	2015		2015	2010	2015	2010
百貨店		66	235	4 (66)	4 (67)	53.7 (66)	49.2 (67)
総合	日本型スーパーストア	17	2,077	122 (17)	119 (23)	6.1 (17)	4.6 (23)
総合	衣料スーパー	8	2,583	323 (8)	240 (9)	4.9 (8)	5.9 (9)
総合	バラエティストア（ワン・プライス・ストア、FCを含む）	6	6,200	1,033 (6)	418 (17)	2.0 (6)	1.8 (17)
総合	ドラッグストア	59	13,791	234 (59)	185 (55)	0.9 (59)	1.2 (55)
総合	スーパーマーケット	392	12,900	33(392)	36 (281)	1.0(392)	1.3(281)
総合	コンビニエンスストア（FCを含む）	23	53,378	2,321 (23)	1,453(28)	0.2 (23)	0.3 (28)
総合	ホームセンター	50	4,165	83 (50)	73 (50)	3.0 (50)	3.5 (50)
総合	オートセンター（FCを含む）	8	1,407	176 (8)	121 (10)	9.0 (8)	10.2 (10)
総合	総合・ディスカウント	17	1,159	68 (17)	15 (5)	10.9 (17)	167.2(17)
総合	生協	51	978	19 (51)	17 (62)	12.9 (51)	12.0 (62)
専門店	生鮮、総菜	19	1,130	59 (19)	64 (32)	11.2 (19)	6.2 (32)
専門店	酒類	7	871	124 (7)		14.5 (7)	
専門店	紳士服	11	3,061	278 (11)	271 (10)	4.1 (11)	4.7 (10)
専門店	ベビー、子供用品	9	1,797	200 (9)	355 (5)	7.0 (9)	7.2 (5)
専門店	その他衣料	59	14,817	251 (59)	250 (52)	0.9 (59)	1.0 (52)
専門店	呉服	7	754	108 (7)	123 (7)	16.7 (7)	14.8 (7)
専門店	靴、鞄	15	4,385	292 (15)	243 (15)	2.9 (15)	3.5 (15)
専門店	貴金属宝石	10	1,438	144 (10)	116 (11)	8.8 (10)	10.0 (11)
専門店	眼鏡	13	3,387	261 (13)	231 (15)	3.7 (13)	3.7 (15)
専門店	家電	15	2,701	180 (15)	117 (21)	4.7 (15)	5.2 (21)
専門店	家具	14	550	39 (14)	31 (11)	22.9 (14)	37.6 (11)
専門店	スポーツ	13	1,880	145 (13)	90 (20)	6.7 (13)	7.0 (20)
専門店	リサイクル	6	946	158 (6)	193 (5)	13.3 (6)	13.2 (5)
専門店	書籍、AVソフト	32	2,272	71 (32)	63 (28)	5.6 (32)	7.2 (28)
専門店	その他	37	5,767				

◆スーパーマーケットの商圏人口は「日本型スーパーストア」「生協」の店数を含めると実質は、1店当たり7,907人となる

註1．売上高構成比の変化などによりフォーマット分類が変更になる企業があるため、フォーマット内での年別増減の単純比較はできない

2．各項目（　）内は項目ごとの集計企業数

3．総合・ディスカウントの2010年はディスカウントハウスの数字

資料：日本リテイリングセンター「ビッグストア基本統計2016年版」

一方、1社当たり店数をみるとSMの1社平均は33店と少ない。生協はもっと少なく19店である。他フォーマットと比較して、企業数とは逆に極端に1社当たりの店数が少ない。

このデータは日本のSM企業が中小多数あって、長年に渡って同質競合していることを示している。突出する企業がなく競争にさらされていないのだ。

同じ総合組でも、ドラッグストアは59社、1社当たり店数は234店とSMの7倍以上ある。日本型スーパーストアも17社で、1社当たり122店とSMの4倍になる。これらのフォーマットはチェーン化が進み、フォーマット内で優良企業の寡占化が進行している。

専門フォーマットはもっと寡占状態が明白である。紳士服専門店は11社あって、1社当たり278店も持っている。眼鏡専門店は13社、1社当たり261店である。これらのフォーマットでは、寡占化の過程でチェーン化できなかった企業は淘汰されたのである。

その点、SMの1社当たり店数は5年前と比較しても増えていない。生協も同様である。革新的な急速成長企業もチェーン化の原則を貫く優良企業も現れぬまま、日本のSM業界は1980年代から進化が停止しているのである。

■低下する一方の営業利益率

SMは1日3回以上必要になる食品を提供しているために明らかな欠陥がない限り、近所の客は週に2回来てくれる。しかも来店1回当たり1800円前後の買い物をしてくれるのである。週にすると3600円にもなる。

これまで競争がまったくなかったわけではない。今生き残っているSM企業は駅前や旧商店街で売場200坪が常識だった時代に、人口急増中の郊外へ駐車場付きで400坪の店をつくって移転した。この経営戦略に乗り遅れた企業、多くは年商50億円に満たない小企業が徐々に淘汰された。さらに時流にあわせて売場を600坪へと拡大していったのだが、進化はここで停止した。商品そのものも販売方法もその後の30年間、変化がない。

図表1「ビッグストア基本統計」の右側の欄の1店当たり人口を見てみよう。各フォーマット・業種ごとに日本の人口をビッグストア企業の合計店数で割った数字である。

本来SMの必要商圏人口は2~3・5万人である。しかし、2015年は1万人しかない。生協と日本型スーパーストアを数に入れれば、7907人と1万人を割ってしまう。SMは大幅なオーバーストアなのである。

日本型スーパーストアも同じようにオーバーストアである。すでに人口6・1万人当たりに1店あり、衣料スーパーの4・9万人と1万人の差しかない。5000坪を超える大型店の必要商圏人口は10~15万人のはずなのにである。まだ店数増加の余裕があるフォーマットは、総合組ではバラエティストアくらいである。

SMのオーバーストアは業績に反映されている。かつて4％台だった優良企業の営業利益率は3％台に落ち込み、さらに3％を割り込み2％台が常識化している。4％台を維持している企業はほんの数社になってしまった。

営業利益率が低下しているのは、特売合戦によって荒利益率が低下しているからだ。仕入れ方式は大手ベンダー頼みで原価を下げられない。そのうえ業務システムは旧態依然とした人海戦術のままだから、店舗運営コストは特売回数が増えれば増えるほど増加する。減る荒利益と増える経費で今世紀に入って以来、営業利益率は低下し続けているのである。

2. 最大の問題は経営効率の悪さ

■低い収益性においても同質

日本のSM業界には突出した企業がいない。これは同質競合のためだが、その結果、経営効率までが同質化している。そして、数値は次第に悪化する傾向にある。

16ページの図表2は日本の上場SM企業の主な経営効率の平均値である。2015年の37社分を最新として、遡ってその変化を比較してある。サンプルとなる上場企業は1990年の17

社から確実に増加している。

この経営効率は日本リテイリングセンターが上場流通業各社の有価証券報告書から1社ごとに計算し、平均値を出したものである。

効率項目1番の「総資本経常利益率」は企業の収益性を示す数値である。アメリカで企業の業績を評価する際に頻繁に引き合いに出されるROAのことである。この数値は15%以上が優良企業の条件とされている。少なくとも10%以上なければ将来有望とは認められない。これが収益性の第1ハードルである。

ところが、日本の上場SM企業の平均値は4・9%である。1990年の6・7%も不足だったのだが、その後下がり続けていることはもっと問題である。しかし、日本のSMはこの数値をあまり問題にしていない。収益性より売上高を重視しているからである。

「総資本経常利益率」は2番の「総資本回転率」と3番の「営業収益経常利益率」の掛け算で計算できる。どちらかの数値が高ければ「総資本経常利益率」は高くなるのだ。

SM業界の場合、「総資本回転率」の2・5回は他フォーマットと比較して低くない。あるべき形は3回を超えることだからまだ不足なのだが、それでも低すぎないのは新店をつくっていない企業が多いからである。言い換えれば、過去の遺産を食いつぶしているだけで先行投資をしていないのだ。現状は消極的な安定で経営戦略の点ではけして褒められたことではない。

図表2　日本の上場SM企業の主な経営効率の平均値

決算年▶	2015	2010	2005	2000	1995	1990
効率項目　企業数▶	37	39	38	34	32	17
❶総資本経常利益率(%)	4.9	5.0	5.1	4.7	5.5	6.7
❷総資本回転率(回)	2.5	2.3	2.1	1.9	2.1	2.1
❸営業収益経常利益率(%)	2.0	2.0	2.2	2.2	2.5	2.9
❹営業収益営業利益率(%)	1.8	1.9	2.2	2.2	2.8	—
❺売上高増加率(%)	4.2	0.4	3.9	3.7	5.2	7.6
❻経常利益高増加率(%)	16.1	▲8.0	▲2.9	▲1.1	0.6	36.9
❼売上総利益率(荒利益率:%)	24.2	23.7	24.3	23.8	23.0	22.8
❽売場販売効率(万円/坪)	268	259	272	288	390	401
❾商品回転率(棚卸資産回転率:回)	27.4	28.3	28.7	24.9	29.9	26.3
❿利潤分配率(%)	7.8	8.2	8.6	9.0	10.5	12.3
⓫労働分配率(%)	43.3	44.4	42.6	42.8	42.2	41.5
⓬不動産(設備)費分配率(%)	23.2	25.0	25.8	26.5	23.7	21.7
⓭販促分配率(%)	5.6	5.9	5.7	5.4	5.0	5.7
⓮労働生産性(万円)	717	677	723	776	821	763
⓯従業者1人当たり売場面積(坪)	9.9	10.2	9.5	11.1	8.4	8.0
⓰坪当たり営業利益高(万円)	5.2	6.0	6.7	7.0	11	—
⓱坪当たり在庫高(万円)	7.5	6.9	7.7	9.5	10	11
⓲社員平均年齢(歳)　男 女	39.6	38.0	36.5	35.8 30.3	33.1 28.3	32.9 26.7

註　⑪労働分配率は賃金分配率を1.2倍した推定値
資料：各社有価証券報告書から日本リテイリングセンター計算

図表3　優良収益の主なSM

順位	総資本経常利益率(%)	営業収益営業利益率(%)	利潤分配率(%)	坪当たり営業利益高(万円)	労働分配率(%)	売上高(億円)	店数
❶大黒天物産	12.8	4.0	17.1	11.4	42.3	1,250	108
❷ヤオコー	9.7	4.1	15.5	—	36.2	2,824	142
❸オーケー	8.9	4.5	24.9	30.0	51.1	2,822	83
❹ベルク	8.1	4.1	16.2	13.0	32.2	1,588	89

註　オーケーは非上場だが有価証券報告書を発行しているため掲載
資料：各社有価証券報告書から日本リテイリングセンター計算

一方、「営業収益常利益率」は良くない。1990年は2・9%あったのに、2015年は2・0%にまで下がってしまった。4番の「営業収益営業利益率」がじわじわ下がって2%を切り、1・8%しかないことが数値悪化の原因である。

このようにSM企業の平均値は低い。しかし、その中でも理想的とは言い難いが、比較的良好な数値を実現している企業もある。そのリストが図表3である。

大黒天物産は、1番の「総資本経常利益率」10%超えを果たしている。かつては15%を超えていた企業もあったが、店数の増加と共に下がってきている。次に4社ともに営業利益率が4%を超えているのは、平均値の2倍以上なのだから立派である。

しかし、こうした優良企業は少なく、大多数の日本のSM企業は収益性より売上高の向上を求めるあまり、ますます収益性を悪化させているのである。

■売場販売効率は高いが経費を使い過ぎ

大多数の日本のSM企業は収益性より売上高の向上を求めているといったが、その売上高が努力のかいもなく年々減少している。効率項目8番の「売場販売効率」(売場1坪当たり売上高)を見てみると、1990年に401万円だったものが最新の数値では268万円にまで激減している。

最大の原因はやはり、オーバーストア現象である。店数の増加と、スーパーストア化により1店当たりの売場面積が増えたため、総売場面積も増加して売場販売効率が低下しているのである。

ただ、「売場販売効率」が低下したといっても、それはチェーンストア経営のあるべき数値に近づいただけで、欧米の水準と比較すればまだまだ高い。アメリカの高収益ＳＳＭチェーンと比較しても、日本のＳＭのほうがなお5割ほど売場販売効率は高い。

それでも収益性が低い理由としては、荒利益高の不足が考えられる。しかし、効率項目7番の「荒利益率」は24・2％なので低いとはいえない。確かに欧米の大チェーンはプライベートブランド（ＰＢ）商品の増加で荒利益率は30％に近付いているが、日本のＳＭはもともと売場販売効率が高いので、坪当たり荒利益高は日本のほうが高いのだ。

それなのになぜ日本のＳＭの収益性が低いのか。その原因は分配率を見れば分かる。分配率とは荒利益高を１００％とした経費の使い方を示すもので、それが効率項目10～13番までの数値である。

■分配率管理の原則

荒利益高からどのように経費を使って最終的な営業利益を残すか、それが分配率の計数管理

図表4　分配率管理の原則(荒利益高を分母にした場合)

ⓐ利潤分配率	ⓑ労働分配率	ⓒ不動産(設備)費分配率	ⓓ販促分配率	ⓔ管理分配率
20%	38%	18%	6%	18%

手法である。10番の「利潤分配率」で20％、つまり荒利益高の20％を営業利益として残すことが目安だ。そのためには荒利益高の80％ですべての経費を賄う必要があるのだ。

分配率管理の原則は図表4の通りである。ⓐを維持するためにⓑからⓔを調整するのだが、経験法則上、実現しやすい目標値を決めている。しかし、フォーマットによっては克服しにくい数値もある。

例えば日本型スーパーストアは大型店のため、ⓒの不動産（設備）費分配率が高くなりやすい。家具、家電、紳士服専門店などは低来店頻度のため広告コストが増え、販促分配率が高くなりやすい。SMとフードサービス業は労働分配率が高くなりやすいのだが、いずれのフォーマットも欠点を克服してこそ競争に勝てるのである。

先の優良企業の「利潤分配率」を見てみるとオーケーが24・9％を達成している。逆に言えば経費を荒利益高の80％どころか75％に抑えているから「営業利益率」も4・5％になり、収益性が高いと評価されるのだ。

日本のSM企業は4番の「営業利益率」が1・8％と低いことは先に述べたが、「利潤分配率」も平均で7・8％と低い。本来は20％必要なのだから半分にも満たない。ＳＭ企業の平均荒利益率が24・2％だから、「利潤分配率」から逆算すると「営業利益率」は４・５～５％必要なのに、やはり半分以下である。

その原因は「荒利益高の80％ですべての経費を賄う」という分配率管理の原則が守られていないからである。つまり、どこかで経費を使い過ぎているのだ。

■小売業最低レベルの労働生産性

これは効率項目11番の「労働分配率」の高さに現れている。荒利益高中に占める人件費（教育費など間接費を含む）の割合のことだ。１９９０年に41・５％だったものが、最新の数値では43・３％と２ポイントも増えているのである。

13番の「販促分配率」だけは唯一、原則通り６％の目標値内におさまっている。しかし売上高を高めたい一心でポイントと短期特価特売を乱発するとすぐに超えてしまうから注意が必要だ。12番の「不動産（設備）費分配率」も23・２％で１・５ポイントも増えた。本来なら20％未満におさめたいところなので、これも問題である。

しかし、これらと比較し「労働分配率」は原則の38％を５・３ポイントも大幅に超過している。図表３の優良企業グループでも、この点を克服していない企業もある。売上高が３割も減っているのだから、人件費も比例して減らなければならないはずなのに、以前のままなのである。

その原因は売場販売効率が高かった時代の業務システムをそのまま引きずって今日に至っているからである。売場面積が３００坪だった時代は陳列面積不足のため毎日数回の商品補充が必要だったが、６００坪に増えたら最大でも１日１回で済むはずだ。また、商品部門によっては毎日補充する必要はない。

店数が少なかった時代はプロセスセンターやコミッサリー、そしてデポ（仕分けセンター）やディストリビューションセンターの設置より店数を増やすことを優先した。だからすべての作業を店内で、人海戦術で行うことを前提にしていた。ところが2桁、３桁の店数になっても相変わらずすべての作業が店で、店長の才覚で行われている。

つまり、業務システムに関しては江戸時代のまま改革が行われていないのである。それが効率項目14番の「労働生産性」の低さに表れている。これは年間の荒利益高を社員とフルタイム換算したパートタイム従業者の人数の合計で割った数値のことである。つまり、従業者１人当たりの年間荒利益高である。

労働基準法を遵守し、有能な人材を集めるためには世間並み以上の労働条件を実現しなければならない。そのために必要な「労働生産性」は１０００万円以上とされている。ところがＳＭ企業の平均値は７１７万円で、３割も不足している。

ＳＭ業界だけでなく他フォーマットでもオーバーストアが問題になっているが、労働生産性がこれほど低いフォーマットは他にはフードサービス業だけだから、小売業としては最低レベルである。つまり、日本のＳＭは従業者が多いばかりで生産性が上がっておらず、１人１人の労働力が有効活用されていないのである。

旧態依然とした業務システム以外にも「労働分配率」を押し上げている要因がある。それが効率項目18番の「社員平均年齢」である。１９９０年と較べると最新の数値は６歳以上も高まっている。当然に人件費が増える。

ベテラン従業者が増えたのなら、効率のよい業務システムができ、商品開発も進んでよいはずである。ところが効率数値は逆に悪化している。

こうして経営効率をみると日本のＳＭ業界は危機的状況であることがわかる。そして、それを自覚しているＳＭ経営者が少ないことこそが真の危機である。

3. ＳＭを侵略する他フォーマット

■食品上位はコンビニと日本型スーパーストア

日本のＳＭ各社は、敵は同じエリアに店を持つ同業他社だと思い込んでいる。そのため日々特売に明け暮れ、サービス向上と称して商品加工を内製化し、客の要望があれば死に筋商品も仕入れてしまう。人海戦術による多種多様な作業を日々こなしている。競争相手企業もそうしているからである。

とにかく自店も他店も同じように、店長以下全従業者が心血を注いで毎日がんばっているのだ。おかげでＳＭ各社のビジネスは、通りあえず成立してはいるものの、年々収益性は悪化する一方である。

それでも資金と人材に余裕があり、多店化能力のある企業は店数を増やしている。その影響で競合関係が崩れ、弱小ＳＭが競争に負けることになるのだ。

しかし、他フォーマットがＳＭの領域をじわじわと侵略していることこそ大問題と気が付かねばならない。

実は、日本における食品売上高のトップ企業はＳＭではない。図表5で分かる通り、1位から3位はコンビニエンスストア、4位のイオンリテールと5位のイトーヨーカ堂、7位のユニーは日本型スーパーストアである。ＳＭとしてのトップ企業は、ようやく8位に入るライフコーポレーションである。

過去を振り返ってみても食品専門フォーマットであるＳＭ企業が、食品売上高ランキングの上位にあったためしはない。

図表5　食品部門の売上高上位企業（2015年）

順位　社名	フォーマット	額（百億円）	売上高構成比（%）
❶セブン-イレブン*	CvS	273	68
❷ローソン（連結）	CvS	123	64
❸ファミリーマートグループ	CvS	118	59
❹イオンリテール*	日ス	108	57
❺イトーヨーカ堂*	日ス	59	63
❻サークルKサンクスグループ*	CvS	55	56
❼ユニー*	日ス	48	70
❽ライフコーポレーション	SM	47	85
❾アークス（連結）	SM	42	94
❿マルエツ	SM	31	93

註1．連結子会社以外を含む場合はグループと表記
　2．＊印は非上場企業
資料：各社有価証券報告書、決算説明資料などから日本リテイリングセンター作成

この現実を無視してSM同士の同質競合を繰り広げていても、ますますじり貧になるだけだ。敵は他フォーマットなのだから、SMとは異なる武器を使って、抵抗されることなくSMを侵略しているのである。本当の敵は業界内部にいるのではなく、外側から攻めてくることに注目しなければならない。

チェーンストア経営 vs 支店経営

日本では1990年を境に食品小売売上高のトップの座をコンビニエンスストア企業が独占している。1995年に日本型スーパーストアのダイエーが1位を奪還したが、その後はまた元に戻ってコンビニの独壇場となった。

つまり、日本のSMが今頃になってコンビニに侵略されそうだと動揺しているのがおかしく、20

年以上前から主役の座を奪われていることに気づいていなかっただけである。

一方、アメリカでは1位は非食品にも強いスーパーセンターのウォルマートだが、2位以下はすべてスーパーマーケット・チェーンである。そこにコンビニが入り込む余地はない。

なぜ日本のＳＭ企業がコンビニ・チェーンに負けるのか、そして日本型スーパーストア勢力にも負けるのか。そこには明確な理由がある。

「ビッグストア基本統計」でコンビニは23社あり1社当たり店数は２３２１店と4桁である（11ページの図表1参照）。前述の通り日本型スーパーストアの１社当たり店数は１２２店で３桁となる。片やＳＭは３９２社もあるが、１社当たり店数は33店と2桁しかない。つまり、コンビニは大企業だがＳＭは小企業が多いのである。

コンビニ企業のトップはもちろんセブン・イレブンで1万７０００店を超す大チェーンである。フランチャイズチェーン方式ではあるが、コンビニ大手3社が1万店以上のオペレーションを可能にしているのは「チェーンストア経営システム」のおかげで、現場での個人の工夫や努力ではない。

ところが、ＳＭはいまだに「支店経営」方式で1店ごとに店長の工夫とガンバリ、そして店員の人海戦術で勝負しようとしている。大手といわれるＳＭ企業でも店数は最大３００店ほどしかなく、チェーンストアとしてのシステム構築が遅れているのである。

日本のＳＭは10店でも３００店でも競争条件は同じである。１店ごとの勝負だから企業規模が大きくても規模の利益は期待できない。マスのご利益を享受できる仕組みがないからだ。そのため年商50億円～１００億円の企業が多数生き残っていられるのである。

他フォーマットなら規模の利益が大手を有利にし自然淘汰が進むのだが、ＳＭだけは大手と小規模との格差がつかない。このようにＳＭが店同士、個人レベルの戦いに終始する一方で、コンビニはチェーンシステムを洗練させ、マスのご利益を享受しているから格差が拡大するのである。

■チェーンストア経営のポイント

しかし、ＳＭの競争相手はコンビニだけではない。購買頻度の高い食品は来店頻度を高めるために多くのフォーマットが狙っている。ドラッグストアは食品売場を増やし、ホームセンターは売れ筋だけをラインロビング（用途、購買頻度、価格帯を統一した売れ筋だけの総合化）している。

ＳＭが「支店経営」方式から脱却し、「チェーンストア経営システム」を確立しない限り、他フォーマットからの侵略を食い止めることはできないのだ。

それではコンビニを有利にしているチェーンストア経営のポイントは何か、敵から学ぶことにしよう。

第1に、コンビニは多店化しているからどこにでもある。SMよりずっと店数が多く、そのため客が立ち寄りやすい。

第2に、日本のSMは特売を頻繁に行う「ハイ&ロー」方式をとっているが、コンビニは「EDLP」（エブリデイロープライス）である。従って客は特売日にしかSMに行かないが、コンビニはいつ行っても同じ値段なので来店日を選ぶ必要がなく、気軽に立ち寄る。

第3に、かつてはNB（ナショナルブランド）品だけの扱いでコンビニ商品の値段は高かったが、最近では各社がSB（ストアブランド）開発を進め、それをしていない中小のSMと値段の格差がなくなった。商品調達のパイプの太さでは店数が多いだけコンビニの方が有利である。さらに、SB開発だけでなくNBの仕入れでも1品目が大量になるのでコンビニの方が取引条件が有利になる。店数が多いだけでなく、扱いNBを絞っているからである。

第4に、品ぞろえがSMよりコンビニの方がシンプルである。売場面積が狭いから余分な品ぞろえができず、ベーシックアイテムしか扱っていない。しかも重複がなく、1用途1品目の品ぞろえだから、ショートタイムショッピングができる。

SMは店舗が広い分だけ異なる品種が多く有利だと思われているが、そうではない。同じ目的で異なるブランドや微妙に違う味など、客にとってどうでもいい違いの類似品目が多いだけの場合がほとんどだ。しかも高級品が入り込み、売価の下限と上限の格差が1対5にもなる。そのため購買決定が簡単にできず、コンビニとは逆にロングタイムショッピングになる。

第5に、コンビニ・チェーンはインダストリアリズムを導入しているのに対し、SMは産業革命以前の人海戦術のままである。例えば、SMは手作りの出来立てをよしとして、総菜の調理やプリパッケージを店内で行う。狭い作業場で行うため複雑な作業となり、これがハイコスト・オペレーションの原因となる。しかも、手数をかけただけおいしいのかというとそうではない。なにしろ作っているのが調理師ではなく素人のパート従業者だから、おいしいはずがない。さらに、客が食べるのは冷めてからだから出来立てを提供しても意味がないのだ。

コンビニはそれらの作業を衛生管理が万全なコミッサリーとプロセスセンターで行っている。だから店内作業がシンプルになる。また、コンビニの総菜や弁当は工場で大量生産するから、原材料を吟味している。適切な品質の原材料をバイヤーが大量に安く調達する。調達先は品質を維持するために季節によって変更し、さらに品質管理も徹底している。味付けは調理師などのプロによるものだから、SMのパート従業者の手作りとはレベルが違うおいしさが表現できるのである。

第6に、サービスもコンビニの方が優れている。SMで買い物をするとレジ袋は有料でサッキングも客自身でしなければならないが、コンビニならレジ袋が無料で店側がサッキングしてくれる。客の扱いがまるで違う。

このようにコンビニの仕組みづくりは徹底しており、売場面積の狭いSMは特に差別化が難しい。最近ではコンビニにあやかろうとSM企業が小型SMを出店する傾向もある。しかし、コンビニエンスストアチェーンはフランチャイズチェーンで、加盟店の資金と労働力が前提だから、レギュラーチェーンとは根本的に経営形態が違う。安易に真似ていいものではない。

フランチャイズチェーン方式は一部のフォーマットにしか適応しないから、SMはレギュラーチェーンでなければならない。従って労働生産性を高めるための業務システムの構築が不可欠である。それを無視して外見だけを真似ても成功するはずがないのである。

他方、アメリカのSSM（スーパーストアスーパーマーケット）はコンビニに負けていないどころか、相手にしていない。その理由は、いま挙げた日本のコンビニの優位性をアメリカのSSMチェーンはすべて自分たちのシステムに組み込んでいるからだ。だからアメリカではコンビニに優位性がないのである。

4. 進まない業務システムの転換

■低い人時生産性は業務システムが原因

日本のSMの収益性が低いのは、「売場販売効率」が低いのではなく、「労働生産性」が低いからだと述べた。労働生産性の低さは、「人時生産性」としても現わされる。人時生産性とは従業者1人当たり1時間当たりの荒利益高のことで、マネジメントと作業効率の尺度となる。

目標数値は会社全体では5000円、店段階では本部経費を賄わないといけないので6000円である。この数値は労働生産性の目標数値である会社全体で1000万円、店段階で1200万円を年間1人2000労働時間で割り算したものである。

日本のSMは荒利益に対する「労働分配率」が高すぎるが、裏を返せば「労働生産性」、そして「人時生産性」が低すぎるということだ。

現状の「人時生産性」は、店段階の数値を示す図表6で分かる。タイムカード記録からではなく、各企業の各店舗の実態調査をして算出した数値だから正確である。SMは2000円台が全体の半数を占める。あるべき数値は6000円なのだから半分もないことになる。生協は3000円台が中心である。

図表6　店舗現場の人時生産性の現状

フォーマットごとの店数構成比率。**太文字は最高頻度値**を示す。　　単位：%

フォーマット	社数	店数	2千円未満	2千円台	3千円台	4千円台	5千円台	6千円台	7千円台	8千円台	9千円台	1万円以上	人時生産性が最大の店舗におけるフルタイマー週平均労働時間
日ス・総合	3	4		**50**	1	1							39
スーパーマーケット	38	41	2	**49**	37	8	2	2					51
生協	6	6		33	**67**								45
DgS	4	4			**50**	25	25						40
HC	15	15		7	20	**33**	26	7		7			46
VS	3	3		33	**34**	33							39
衣ス・衣専門店	8	8			12	**52**	12	12			12		43
靴専門店	2	3					**100**						41
スポーツ専門店	3	5					20	**40**	**40**				46
フードサービス	19	25	8	**48**	36	8							48
パチンコ	4	4								25	**50**	25	42

註1．1社で複数店ある場合は、その平均値をとって1店として集計
　2．同じ会社でも看板名が異なる場合は、それぞれ1店として集計
資料：日本リテイリングセンター主催セミナー参加企業からの集計

他フォーマットの「人時生産性」も併記してあるが、それらと比較すればSMの数値がいかに低いか分かるだろう。

「人時生産性」の高いフォーマットは当然、給与水準が高い。少ない従業者で効率のよいオペレーションをしているから高い給与を支払えるのだ。しかし、SMのように「人時生産性」が低ければ給与水準を引き上げることは不可能である。

改革のためには、1人当たり、1時間当たりの「人時生産性」を上げなければならない。鍵を握るのは、組織全体の業務システムを見直すことだ。

日本のSMは、魚や肉のプリパッケージや総菜の調理加工を店ごとに行っている。業務システムが江戸時代の魚屋や八百屋や煮売り

屋と同じで、産業革命以降のインダストリアリズムが導入されていないのである。

他フォーマットはそれらの商品加工作業を店で行っていない。生産工場や自社センターでまとめて作業をしている。もちろん、欧米のチェーンストアと比較するとまだまだ本部やセンターに集約すべき多くの業務を店で行っているから改革半ばだが、それでも調理やパッケージングや値付けなどSMが当たり前のように毎日人手をかけて店で行っている商品加工作業はしていない。

最近では陳列作業時の手間を省くため、衣料なら工場出荷段階で陳列用のハンガーに掛けるようになっている。また、雑貨は運搬や陳列作業時に1個ずつ動かさなくても箱で動かせるように補充量、取りたいフェイシング数、棚の高さと奥行きに合わせて補充単位と箱の大きさを決め、箱のまま陳列できる方式（シェルフ・レディ・パッケージング）を開発している。

業務システム改革の点でSMは、他フォーマットから大きく遅れを取っていることを自覚すべきである。

■コールドチェーン化にも遅れ

SMが商品加工作業を店で行なわねばならないとしている理由は、その方が鮮度管理しやすいと思い込んでいるからだ。しかし、それは大きな間違いである。

生き物は収穫、捕獲直後から品質劣化が始まる。例えば野菜なら、収穫1時間後のものは品質劣化が目に見えて分かる。鮮度を保つには、それ以前に急速冷却し、その後の温度維持が必要となる。

センター加工の場合、加工の対象となる野菜、肉、魚は収穫、捕獲直後にそれぞれ適切な温度まで急速冷却し、その後は一定の温度に保たれる。運搬時も陳列時も条件は同じである。もちろん、センターの空調もコントロールしている。だから地球の反対側から何日もかけて運ばれたものであろうと、収穫、捕獲直後の鮮度が維持できるのだ。

ここで大事なことは、大量に商品を動かし大量に処理するからこうした最先端のコールドチェーン化の仕組みが活用できるということである。

一方、日本のSMは「地産地消」で鮮度が保たれるとするが、温度管理を一切していない。近所で採れた野菜を「朝採れ野菜」などと主張しても、炎天下に常温放置され、店では常温販売されたものを客が持ち帰って冷蔵庫に入れても、劣化した鮮度が回復するはずがない。数日前に収穫されたものでも、収穫後1時間以内に最新設備で急速冷却し、その後一定温度を保っている完熟野菜に味と鮮度の点で勝てるはずがない。

魚も同じだ。店に到着する以前の魚の鮮度管理については、ほとんど無関心である。SMの後方にある調理場は空調コントロールがされていない。さらに売場との境目の扉は頻繁に開閉されるので、材料は分刻みで品質劣化している。

それなのに、魚は店で捌かねばならない、刺身は食べる直前に切らねばならないという思い込みにより、際限なく人手をかけている。結果的に、ＳＭの魚売場は多くが赤字である。売場販売効率は店平均の２～３倍とよく売れているのだが、営業利益がマイナスになる。荒利益率が高く、よく売れても、それ以上に人件費がかかるからだ。

コールドチェーン化と冷凍の最新技術の多くは日本で生まれたものである。それなのに、それらをフルに活用しているのは欧米の流通業であって日本のＳＭでないことが残念である。

■店内作業による弊害

店ごとに作業する場合、加工のタイミングと数量をどのように決めるかが売上高を左右する。その重要な決断を誰がしているのかといえば、多くのＳＭでは魚、肉、総菜売場の各主任が決めるとマニュアルで定められている。そのつど生産伝票を起こすことがルール化されているフォームもある。

ところが現実は、現場の永年勤続パート従業者の思いつきで加工のタイミングと数量を決めていることが多い。伝票起票を正確に実行している店は稀で、実態把握ができていない。だから欠品に気づかず、無駄なものをずれたタイミングでつくって値下率が2桁台に増えてしまう。

さらに、店内作業の最大の問題は衛生管理が不十分なことである。誰でも出入り自由の店の後方作業場では、まともな衛生管理はできない。そして、加工場と店内を加工者が消毒手続きなしに頻繁に行き来しているのだから事故が起こらない方が不思議である。食品工場を見学すれば、工場に入る前の消毒手続きは厳重そのものであり、違いは明白だ。

最近では、先進SM企業が最後まで店に残していた魚の加工をプロセスセンターに移している。おかげで魚の加工に使っていた店段階の作業人時数が一挙に無くなり、店段階の人時生産性は飛躍的に向上した。図表6（31ページ）のSMで、店舗の人時生産性が5000円～6000円台の4％がセンター化移行組である。

センター化の効果はそれだけではない。店で加工していた時より魚売場の合計販売数量が増えるのである。1品大量扱いにしないとセンターでの効率が悪いので品目を売れ筋に絞る。数量がまとまるので仕入れ先のソーシングが行われる。そのため仕入れ価格が下がり、同時に鮮度管理に新しい技術を取り入れたベンダーと取引するようになるのだ。センターから店への納品は平日朝1回、週末は限られた品目だけ2回目を午後の便で納品する。補充頻度が減るので、そのための人時数が減る。魚売場のいやな臭いがなくなり、店がクリーンなイメージに替わる。死に筋がなくなることで売れ筋と季節品が目立つ売場になる。引き下げられた売価は、安さイメージの定着に貢献する。

さらにもう1つの効果は、センターでまとめて加工するため、販売数量予測が正確になり、欠品による機会損失のコントロールができることである。販売数量の増加と値引率の低下という効果が生まれる。

人海戦術なら給与水準の低い小企業のほうが有利だが、仕組みづくりなら大手の方が有利である。その大手が未だに人海戦術をしているうちに、中小も業務システム改革を成功させなければならない。改革推進企業が出現している以上、待ったなしである。

5. 店舗にあふれるムダな作業

■労働分配率が増える本当の理由

日本のＳＭの店舗では欧米のチェーンストアに比べて義務付けられている作業種類が格段に多く、トップや幹部の思いつきでさらに増えていく。競争相手がやっているから、または経営マスコミで話題になっているからなどがその根拠になる。

詳しい調査も実験もしていないから効果のほどは分からないが他社がやっているなら自社もと、いきなり全店で実行の号令をかけるのだ。そして、一度増やした作業について取り消しはされず、その作業は脈々と受け継がれることになる。それらを店長がいちいち考えながら、作業指示を出さねばならない。

本来、店で実行する作業は使う道具と作業手順と動作とがマニュアルで決められ、作業指示書には必要とする作業者の能力が時給で表現され、標準作業時間が明示されていなければならない。臨時の作業でもこの原則は変わらない。これらの条件が揃って初めて、店長は作業割り当てと稼働計画を立てられる。

ところが日本の場合、作業マニュアルがない。あってもその通り実行すると時間が足りなくなる。だから店長の才覚で作業を取捨選択し、ベテランのパート従業者に包括委任する。すると彼らは、本来時間をかけなければならない作業を手抜きし、逆にどうでもいいことに時間をかける。結果的に不完全作業が増え、やり直しにもなる。自分たちの狭い知識の範囲で作業を進めるから、実際には作業効率が悪いのだ。

しかも本部、特に商品部からは「できればやって欲しい」「時間があったらして欲しい」などの要望が毎日のように寄せられる。店長はこうした本部からの頻繁な要求に対応するためにできるだけ多くのパート従業者を店に置きたがり、ますます勤続年数の長いパート従業者を重用する。効率が悪くても、やり直し作業がムダでも、とにかくモノの置き場所は知っているので説明しなくても作業を開始できるからである。その結果、平均時給は上がり続け、労働分配率は高くなり、収益を圧迫するのである。

収益性を高めるには総人時数を削減し、平均賃金は引き下げねばならない。そのためには店段階の作業種類を大幅に削減し、同時に時給の低いパート従業者が楽に作業ができる仕組みづくりをしなければならない。

業務システム改革の最初のステップは、失くすべき作業種類の確定である（図表7）。やめてしまえばこれまでその作業にかけていたコストは、そのまま営業利益に上乗せできる。

作業には「絶対しなければならない作業」と「絶対してはいけない作業」、この2つしかない。その中間はないのである。この2つの区別をし直さねばならない。

■不要な接客と必要な接客

客に対する大声でのあいさつは、日本独特のものである。作業をストップして客に向かってあいさつをすることになっているらしいのだが、そうすると効率が悪くなるから多くの従業者はそうはしない。客が近づく気配を感じると、作業を続けながら客に背を向けたまま大声で「いらっしゃいませ」と叫ぶのだ。それでは客は挨拶してもらったとは思わないだろう。

だからこの「ごあいさつ運動」を始めて何かの効率数値が向上したのか調べてみても、何の変化もないことが分かる。してはいけない作業に分類すべきなのだ。

図表7　店舗での根本的な「ムダ」作業の解決方法

A　なくすべき

❶「店長権限」として包括委任された作業　❷店員による店ごとの販促商略工夫
❸自発的思いつき作業　❹接客(応対)と対面・側面販売(受身の売場案内と苦情処理を除く)、客の様子見　❺呼びかけ型あいさつ、店内特売アナウンス
❻品種単位(多SKU)の短期値引特売の準備と後片づけ
❼多SKU羅列的チラシの多頻度配布による値札点検、POP取付
❽ベンダーから店へ直送する商品、販促物の検収
❾ワーカーにおまかせ売場管理(発注、整理、棚卸し、陳列変更)
❿少量多頻度調理加工と小分け　⓫過剰在庫の商品管理

B　頻度を削減する(まとめて完全にやるべき)

❶発注と補充(陳列・品出し)〈少量多頻度〉　❷先入れ先出し
❸不適切品(在庫年齢・期限超過品と品質劣化品)の摘発
❹陳列位置移動と陳列形式の変更　❺後方在庫の整理
❻清掃(はく・ふく・みがく)、洗浄　❼本部からの連絡や指示

C　場所を変える作業種類(店からセンター、本部、産地へ)

❶店舗後方での加工作業	(イ)値付け、(ロ)売価変更、(ハ)リテイル単価への小分け(計量)、(ニ)パッキング、(ホ)食材準備(蘇生、解凍)、(ヘ)調理加工(計量、調味、カット、加熱)、(ト)設備メンテナンス
❷陳列準備作業	(イ)仕わけ、(ロ)積み替え、(ハ)梱包開封、ダンボールカット、ハンガーかけ など、(ニ)すでにある保管在庫の捜索、整理、積み替え、(ホ)重複する売価表示

❸検品(検数・検量・検質)　❹POP広告の作成、印刷　❺道具の保管
❻客からの問い合わせ対応　❼事務、書類作成　❽初歩訓練と技術訓練
❾採用(募集、審査、契約)

D　専門化する

❶棚割りはバイヤー起案(×店まかせ)　❷店ごとの両替を外注、店舗へ週１回配金へ
❸棚卸し作業の外部委託(前準備・後始末作業がなくなり、コスト削減可)
❹社内ディストリビューターによる店ごとの発注起案
❺複数店を巡回する補充業務専門チーム制
❻陳列整理作業を専業化(作業割当に基づき定期的に行う)

E　道具を変える

❶床材変更により清掃頻度減
❷陳列什器を商品運搬用のドーリごと置ける形に変更――仕分け、積替え作業量減
❸メーカーに指定したクレートで納入させ、そのまま陳列(SRP化)
❹包丁をカッターに、箸やトングを素手に変更　❺調味料ディスペンサーの導入
❻補充業務時にカット(２段)台車を使い、床積みバラマキ作業を失くす
❼清掃道具を使い捨て式に　❽棚上在庫格納や吊り下げ販促物設置に使うハシゴを撤去
❾本部・店舗間の自由発信可能なメールシステムを廃止
❿スポッターを貼り替可能なシールに変更

本来、客に対する感謝はレジでするものである。客と店との商取引がそこで行われるからである。作業中についでにするものではない。レジは重要な接客の場だから、アメリカのチェーンでは店長室はレジ前か斜め上にある。

アメリカのチェーンのレジ係はまず、客の目を見てにこやかにあいさつする。それからスキャンとサッキングを始める。老人や子供に対しては特にフレンドリーな呼びかけをすることがマニュアルで決められている。「必要な品はすべて揃いましたか」などである。服飾品を買った客には買った物を「素敵ですね」と褒めることを義務付けている企業もある。だから実に感じがよい。金銭授受が終了し、商品を客に渡す時には再びにこやかに客の目を見て「サンキュー」という。客が後ろに何人並んでいても、目の前の客に感謝の意を表することに手抜きをしない。

ところが、日本のＳＭのレジ係は客の目も見ず、次の客を待たせるのが悪いからと事務的だ。サッキングもしてくれず、さっさとレジ前からいなくなってくれとばかりに冷淡である。目の前で支払いをしてくれる客より、その次に並んでいる客の方が重要らしい。その客も目の前に立ったとたん、重要でない客に格下げになるのだ。本末転倒である。

これは職務分担が明確でないから発生するサービスレベルの低下現象である。日本ではレジ係に早く処理して客を並ばせないように気を使うことを義務付けている。だから手抜きになる。ところがアメリカのチェーンはレジ係に決められたことを確実に実行することを義務付けている。レジに並んだ客の人数を調べて新たなレジを開くことを決定するのはマネジャーの役割である。チェッカーが気にすることではない。そのためサービスレベルが標準化できるのである。

接客についての違いはほかにも見られる。日本では売場案内や品質説明が売上高を伸ばす武器と考える企業がまだ多く、そこに人件費をかけたがる。◯◯ソムリエ、××アドバイザーなどである。しかし、客の立場からいえば店員の手助けがなければ自分が必要とする品が選べないのでは困る。店が混んでいるときに接客の順番待ちをするなどは実に不愉快である。

そもそも、質問しなければ違いが分からない商品分類や品ぞろえに問題がある。客の使う立場から分類しなおし、それぞれのグループの中の類似商品から、用途や味や見かけについて客と店側の双方に有利な品目だけを選びぬいて店に並べてくれたら違いは一目で分かる。商品説明が必要なら簡潔で理解しやすいＰＯＰを付ければよい。商品部が職務を全うしてくれれば案内の必要などないのだ。

セルフサービスこそベストサービスである。従業者による客への説明が必要になるのは、それが不完全だからだ。セルフサービスの完全化も店段階の人時数削減のポイントである。

■人時数を増やす自発的作業

今日の新たな流行は店に「工夫」を奨励することである。目的は売上高とサービスの向上だ。実はこれで人件費がさらに増えることになる。工夫すると試行錯誤にムダな時間がかかるからである。

店長に工夫を迫ってもその時間がないから、朝礼で部下に工夫せよというだけだ。パートの狭い知識で販促の工夫をしても、余計な時間がかかるだけで成果は乏しい。それが全店で行われれば、膨大な人件費のムダが生じることになる。

店ごとに知恵を絞ってようやく生み出した販促対策に革新性はない。調査と研究に長い時間をかけられないからである。むしろ、そのために費やした試行錯誤の時間は頭数と時給との掛け算で人件費に加算され、営業利益は減る。

工夫しなければならないことは多いはずだが、それは店の任務ではない。その工夫をするために本部があるのだ。

作業問題では①やめる、②頻度を削減する、③全店分の作業を集約する、の3つが人件費の大幅削減に繋がる。それらは1店ごとに個別に考えることではない。企業全体の効率を革新する大きなテーマだから、これらの決定は店でできるはずがないのである。

本部の各担当者が先進事例を学び、他社と自社の実態を調べ、最も確実で効率のよい方法の仮説を立て実験する。その結果を検証して修正し、良い数値がでるまで数店で実験を繰り返し、それから全店に導入するのである。もちろん有能な人材の育成と時間と調査研究費を必要とする。教育していない店段階のパート従業者のひらめきを期待するなどという不確実なことではない。

日本の小売業は従業者の「気配り」も奨励する。与えられた職務以外に、同僚の作業の手伝いをする、未熟なパートの替わりを務める、教育もする、進んで接客をする、などである。「積極的に気を利かせて自発的に作業をするベテランパートこそ従業者の鏡」という風潮があるが、これも人件費膨張の原因である。二重三重の作業が発生するからである。しかも、気を利かせるベテランパートの時給はおしなべて高い。

組織は分業によって成り立っている。各々が自分の職務を確実に果たすから、予定通りの成果が得られるのだ。自発的作業はこの組織の原則を根底から覆す間違った行為である。

店長をはじめとする店段階の従業者の気配りを期待するのは、支店経営のやり方にほかならない。店数が少ないうちはそれでうまくいく場合もあるが、店数が2桁になるとムダのほうが多くなる。チェーンストア経営方式ではキマリを決めるのは本部の役割で、そのキマリどおりの業務を完全に実行するのが店の役割なのである。

6. 商品構成の原則からはずれた品揃え

■多すぎる死に筋商品

商品構成とは「品目と陳列量の組み合わせ」のことである。新製品の出現や問屋のお勧め、そして廃番や欠品など主に売る側の都合でそのつど増やしたり減らしたりしてきた結果が今のSMの商品構成である。

このように自然発生的に生まれた商品構成は、客のニーズとかけ離れたものになっていることが多い。売場に並んだ品目の半数以上が死に筋で、売れ筋が少なすぎる。死に筋に棚を占領されると、売れ筋を売れる量だけ置くことができない。その結果、売場で売れ筋が目立たなくなるだけでなく、売れ筋の後方在庫を売場に補充する店内物流の人件費が余分にかかる。

商品構成は客のニーズを反映させたものでなければならない。そこで店側が客の品ぞろえに対する要望のすべてを叶えようとすれば、死に筋品目を増やす原因になる。

チェーンストアは人口の8割を占める普通の生活者を対象にする。残り2割の高額所得者や特殊な暮らし方をしている人は対象にしていない。さらに、普通の生活者の365日のうち、65日のハレの日を除いた300日の日常を対象にする。人口の8割を占める大衆の日常の暮らしを守り育てる産業なのだ。

ところが、客1人1人に品ぞろえの要望を聞くと高額所得者しか買わない品や数少ないマニア、プロフェッショナルにしか用のない高額品、特殊用途品が出てくる。普通の生活者が相手でも、ハレの日用の1年に1度しか購入機会がない低購買頻度品が要望として出てくる。

もともとこれらの商品は、店が扱っていなかったから客が要望を出すのだ。なぜ扱わなかったかといえば、売れなかったからである。それをたった1人の客の要望で増やせば、売場が死に筋だらけになってしまうのは当然の結果である。

■少数派の満足と多数派の不利益

死に筋でも「用のある客が1人でもいるなら扱うべき」という考え方がある。「売れ筋も死に筋も両方あるなら品目は多い方がいい」と考えるらしい。ところが、売場面積は限られているから、少数の客にしか用のない死に筋品目があると多数の客が頻繁に必要とする売れ筋品目の陳列量が圧縮され、売場で分かりにくくなる。しばしば最低陳列量割れを起こすから、死に筋と区別することが難しくなる。この状態は大多数の客にとって不利益である。

さらに、死に筋商品の管理は売れ筋商品の管理以上に人時数がかかる。売れ筋は自然に売れてゆくから、発注数と補充数と時期だけを押さえれば確実に荒利益を稼いでくれる。ところが、死に筋は発注のつど売れなかったことを確認するためだけに棚卸しをし、ずっと居座っている不良在庫を全面に押し出すために陳列整理に手数をかけ、あげく値下率とタイミングを決め、それでも売れなければ廃棄処分する。それらに時給の高い社員が時間を使っているのだ。結果的にハイコスト・オペレーションになり、売れ筋商品の安売りができなくなる。

少数派を満足させるために多数派が不利益を被る。それが日本のスーパーマーケットの商品構成の現状である。

7. 頻繁に行われる特価特売の弊害

■「ハイ&ロー」の迷信

日本のSMは売上高が十分すぎるほどあるのに営業利益高が少なく、グローバルな観点から見ると特殊な経営状態となっている。

最大の原因はハイコストな店舗運営にある。ここまで触れてきたように、チェーンストア経営システムに不可欠な店舗でのローコストオペレーションを阻む主な要因は、第1に店で行っている商品加工作業を肩代わりする各種センターがない、または機能していないことである。

第2に販売数量と陳列量が正比例していないために、死に筋商品管理と物流に膨大なムダが生じていることである。

さらに第3に、頻繁な特価特売があげられる。いわゆる「ハイ&ロー」方式である。日本で一般的に行われている日替わりや週末だけの短期特価特売は、1日単位で同一品目の売価が上下に変動する。従って消費者は特売日を狙って来店せざるをえない。特売日以外は値上がりするからである。

店側にとっては特売日が特別の低価格で、特売をしない日が平常価格なのだが、消費者にとっては特売日が平常価格で特売しない日は値上がりするのである。

特売日に来店できればいいが、仕事をしていれば平日の特売は利用できない。子供が小さく仕事に出られない専業主婦や年金生活者なら平日の特売日に来店できるが、その日だけは商圏の範囲外からバーゲンハンターが来店するから店が混雑して身動きが取れない。レジも長蛇の列だ。特売日にしか来店しないバーゲンハンターが、数品目の超特価品だけを抱えてレジ前に並ぶからだ。だから特売日は値段が安くても買い物環境が劣悪で、楽しい買い物とは程遠いのである。

週末の特売なら仕事を持った人も来店できるが、平日よりもっと混雑する。まずは駐車場に入れず、路上で順番待ちさせられる。店に到達する前に精力を使い果たすくらいである。

ではなぜ特売をするのか。「客数が増えるから」「売上高が高まるから」という答えが返ってくる。確かに客数と売上高は増えるだろう。しかし営業利益高はというと、逆にマイナスになることが多いのが現状だ。

特売品は荒利益率が低い。低い特価でも数多く売れることで荒利益高は増えるが、その増え方が問題だ。2倍の数量が売れても適切な荒利益高は得られない場合が多いのだ。特に日本のスーパーマーケットが頻繁に行う品種単位の特売、例えば「冷凍食品5割引」や「パン3割引」セールは、特売しなくても平常価格で売れるものまで値引きするから、荒利益高が増えるどころか減ることが多いのである。それは大きな機会損失である。

■ハイコストな特価特売

特売のためには前日の準備と終了後の後片付けに膨大な人時数がかかる。特売の準備は店で行われる陳列作業だけではない。バイヤーが特売品を特別調達する人件費も加算される。特別な物流対策も必要だ。チラシ広告を作成するためにも人件費がかかり、もちろんチラシの印刷と配布にもコストがかかる。

特売品が特にお買い得な人気商品なら売り切れるが、そうでなければ売れ残る。売り切れれば機会損失が大きいし、売れ残れば在庫が後方に累積する。どちらも発生しない適切な販売数量予測ができればいいが、そうはならないのが常である。特売の頻度が高ければ高いほど数量決定はいいかげんになる。

日本の場合、商品を仕入れたバイヤーが在庫責任を取らないので、特売の残品がなくなるまで店長の売る努力が続く。その間の人件費は計測していないから分かっていないが、実は膨大なのだ。それらの間接的な人件費まで計算すると、短期特価特売による営業利益高はマイナスになることが多いのである。

客にとっては苦痛、店にとっては骨折り損の日替わりやタイムサービスなど、頻繁に行われる短期特価特売の悪循環から脱却しなければならない。

■ポイントカードの問題点

特価特売とは別に、最近増えているのがポイントカードによる販促費の増大である。特価特売を実施しながら「毎月○日はポイント10倍」などと、ポイントによる実質割引を行うからである。これにより販促費は増える一方となるが、どのSMでも同じようにポイントカードを発行しているから狙っている固定客の増加にどれほどの効果があるのかは疑問である。

逆にポイントカードを発行していない企業が客数を減らしているのかと調べると、そうはならない。従ってポイントカードの有無はもともと固定客化の必要条件にはなっていないのである。ちなみにポイントカードを発行していない日本のSM企業の多くはEDLPにいち早く移行した企業である。

アメリカのSM企業の多くが「クラブカード」を発行しているが、日本のポイントカードとは全く異なるものである。これを始めたのはEDLP移行後のことだが、同業との競争に勝つためではなく、MWC（メンバーシップホールセールクラブ）対策である。つまり、日本にも進出しているコストコ（世界で697店〈うち日本に25店〉、売上高1161億ドル）とウォルマート系のサムズが相手である。

会員制を採用し、会員だけに提供する低価格が売りのこの後発フォーマットに対抗するために、SMも自社のクラブ会員だけに提供する低価格をアピールしているのである。簡単なフォームに記入するだけで会員になれるから、客は普通2社分ほど持っている。ポイントの累積ではなく、その場で割引になるから客にとってはEDLPなのである。

8. 低価格化でも増えない買上点数

■客単価が減り、売上高も減少

日本の物価はグローバルな視点から見れば異常に高い。チェーンストア産業が消費社会をリードしている先進国では、物価は日本の半分以下のものが多い。

しかし、日本でもチェーン化志向企業の努力によって、ようやく本格化してきた価格正常化の動きが、これまで競争にさらされてこなかった日本のスーパーマーケット業界に大きな波紋を投げかけている。客単価が減り、売上高が減少傾向にあるからだ。

理屈で考えれば低価格化すれば客1人当たり買上点数は増えるはずだが、実際には増えていないことが問題である。

図表8はSM49社の客単価と客1人当たり買上点数の統計だが、平均客単価は1868円、買上点数は10・2点であり、この数値は近年ほぼ変化がない。

アメリカの場合、平均客単価は27ドルである。1ドル100円として2700円だから、日本の約1・5倍ある。買上点数の統計は発表されていないが、個々に聞き取り調査した結果では25〜30点と日本の2・5〜3倍もある。

図表8　客単価と1人当たり買上点数

SMの売場面積規模	集計企業数	客単価（円）			買上げ点数		
		平均	最大	最小	平均	最大	最小
300坪未満	5	1636	2100	1255	8.4	11.5	6.0
300～499坪	22	1832	2614	1302	9.8	14.2	7.0
500～800坪	22	1957	2923	1162	11.1	16.5	6.3
平均480坪	49	1868	2923	1162	10.2	16.5	6.0

資料：日本リテイリングセンター主催セミナー参加企業からの集計

アメリカ人が週に1回、買い溜めをするからではない。アメリカでもSMへの来店頻度は高いのだ。日本は週2・3回でアメリカは週1・7回だから日本よりは低いが、4・1日に1回はSMに買い物に来るのだ。

また、客単価を買上点数で割り算すると日本は185円、アメリカは90円だから日本の値段は2倍になる。低価格化が進んでいるといってもまだまだ高いことがわかる。しかも、アメリカの商品は販売単位が大きい。例えば食パンなら同じ80円でも量が3倍あるし、肉なら日本の100グラムとアメリカの1ポンド、つまり450グラムが同じような値段なのである。

従って我々は更なる売価引き下げの努力をしなければならない。同時に買上点数増加策を取らないと売上高がじり貧になり、低価格化への意欲が減退しかねない。それでは競争に負けることになるから、低価格化と買上点数向上策は同時進行で進めなければならないのである。

■買上点数が多い企業の特徴

そこで再度図表8を見ていただくと、平均買上点数は10・2点だが最大値は16・5点と平均の1・6倍ある。日本にも買上点数が14～16点と多いSM企業が存在するのだ。

そうした企業の第1の特徴は、短期特価特売をしないEDLP企業であることだ。日本のSMの買上点数が少ない原因のひとつが特価特売の頻繁な実施である。特売すれば集客力は高まるが、その客はバーゲン品しか買わないバーゲンハンターだから買上点数は少なくなる。

日替わり特売をすれば来店頻度が増えると考えるのは拙速だ。他社も同じような特売をしているから買いまわられるだけである。

ところが、EDLPの企業はいつ店に行っても同じ低価格で商品を販売している。客は自分の暮らしローテーションの中で一番都合のよい曜日と時間帯に、安心して買い物に行けるのだ。だから客はその店ですべての買い物を済ませる習慣が身に付き、固定客となる。

第2の特徴は、扱い品目数が少ないことである。日本のSMの場合、通常1万SKU前後なのだが、買上点数が多い企業は7000SKUほどと少ないのである。

日本の常識では客単価と買上点数の増大策として扱い品目数を増やす場合があるが、この対策は有効ではない。

買上点数が多い企業は死に筋を持っていないから品目数が少ないのである。その分、売れ筋品目の陳列量が多い。その結果、売れ筋品目が売場でよく目立ち、実際に売れ行きも良い。客数の1割以上が買うマスアイテム、つまり突出した売れ筋品目を2桁持っているのである。

客数の1割以上が買うマスアイテムとは、1日の平均客数が2500人なら250個以上売れる品目である。多くの客が来店のつど買うことに決めているものだ。その共通特徴はベーシックで売価が低いことだ。農産物ならもやしやきゅうりやバナナなど、デイリーなら牛乳やヨーグルトや豆腐、総菜ならコロッケやおにぎり、ベーカリーなら食パンである。

販売数量が多いのは客が目的買いをするからである。それらのマスアイテムを追いかけながら、その間に必要な品をついでにショッピングカートに入れ、さらに思いがけなく店側が重点販売をしているお買い得商品を見つけてそれもついで買いをする。

必ず買うことに決めている目的買いの商品がその店にあるから、他社を買いまわらずに固定客になるし、ついで買いが増えるから買上点数が多くなるのである。

従ってマスアイテムの欠品が起こってはならない。黙っていても定期的に繰り返し来店してくれる大事な固定客を失いかねないからだ。

ところが、店側は自然に売れるものには無関心だ。そのくせ死に筋商品の売り込みには熱心である。最低陳列量割れを見逃すとマスアイテムは育たない。努力の方向が違っていることに気づくべきである。

■大型カートが使えない店舗

図表8（52ページ）は売場面積規模別に3つのグループに分けているが、広い店の方が買上点数は高くなる。それが第3の特徴である。

売場面積が広いことで売れ筋商品の陳列量を増やすことができる。さらに広い方が通路幅の確保がしやすく、重点販売の効果も出しやすいからだ。

売場が広ければ大型カートが使いやすくなる。これも買上点数向上の条件である。小さなバスケットに大量の商品を入れることはできないが、アメリカのSSMのように160リットル以上の大容量カートが店内で楽に使えれば買上点数が増える。バッグをカートに乗せて身軽になり、品選びに両手が使えることで商品への注目度が高くなるし、なにより重い商品を持たなくて済む。

アメリカで買上点数が多いのは値段が安いからだけでなく、このような物理的条件、専門用語でいえば「業態の便利さ」が整っていることにある。

もちろん大型カートのベアリングは軽くなければならないし、通路幅は広く、島陳列は少なくなければならない。そうしないと大型カートを押しながら売場内を楽に移動することができないからだ。

ところが、日本の店舗ではなかなか大型カートが使えない。主通路幅と副通路幅が狭いのに島陳列が多いので、ますます通路幅は狭くなる。ゴンドラインが短く通路の曲がり角が多いことも客動線を複雑にし、大型カートが使えない原因になる。

日本のSMは大型カートの使用拡大に消極的だ。その理由に「客が使いたがらないから」という答えが返ってくる。しかし、カートのベアリングの動きが悪く、通りにくい通路だから使えないだけだ。だから買上点数が少なくなる。

日本にもコストコが進出しているが、そこでは日本人が例外なく店の入り口で大型カートを手にする。売場ではその大型カート山盛りに買い物を楽しんでいる様子が見られる。それは先に述べた買上点数の多い企業の業態の特徴が、すべてコストコに当てはまるからである。

■打つ手が違う日本のSM

日本のSMも買上点数の向上策に頭を痛めていることは確かである。ところがその方策がうまくいっていない。

図表9の㋺は日本のSMがかつて試みたが数値が向上しなかった失敗例である。
③のクロス・マーチャンダイジングは流行中だが、その効果が証明されたためしがない。缶

図表9　買上点数向上策実例

イよい例➡業態改革＝便利さの追求
❶駐車場の拡幅(モータリゼーション対策)
❷通路幅の拡大(主通路3m超、副通路2.1m超)
❸カート大型化(慣れるまでは客にカートをすすめる。駐車場対策も必要)
❹突き出し・島陳列と、ベンダー押込み販促物の撤廃・禁止
❺棚割りを品種・業種別から、TPOS＝Time(時間)、Place(場所)、Occasion(場面)、Style(ライフスタイル)のカテゴリー別に組み直し
❻コーディネーショングループで陳列
❼シーゾナル売場の設置
❽店内の商品レベルの統一
❾価格ライン数削減
❿SKU数削減、売れ筋品目のフェイシング数増
⓫欠品調査と原因追究→ベンダー変更
ロ悪い例
❶短い陳列線と島陳列の多用(売場が迷路となる、動線が短くなる)
❷声掛け、テープ録音で押売り(客が通路を通らなくなり、他の品目が売れなくなる)
❸クロス・マーチャンダイジング(関連隣接・突き出し陳列)
❹非食品フォーマットで、食品売場の拡大→粗利益率の低下と人件費増に
❺売れ筋品目の複数箇所分散陳列(動線コントロールできない、商品管理の人時数増加)
❻プライス・レンジの拡大(より選びにくくなる)
❼特売の実施(ワゴンセール、2点まとめ買いセール)
❽～円以上の購入で～プレゼント、または～円キャッシュバック
❾少量化・バラ売り(複数買うのが面倒になる)

資料：日本リテイリングセンター主催セミナー参加企業の対策からのまとめ

詰売場に缶切りをぶら下げたら売れたといってもその分、元売場で売れなかっただけである。

何より迷惑なのは狭い通路に商品が出っ張ることである。それではますます店内を回遊しにくくなる。アメリカの店は副通路でも2・1メートル確保しているからいいが、日本のように1・5メートルしかない通路に突き出し陳列をしたら、客が通路に入ってこないだけである。
⑥のプライス・レンジの拡大は多くの企業が飛びついた方策で、ちょっと高級、または付加価値がついているなどの値段の高い品目を品揃えに加えた例である。かつてこの方策が成功した例はない。「売上を上げたいから高いものを売る」という考え方は店側の都合で、客の都合ではない。今までなかったものが売場にあれば、たまたまそれが欲しかった客が少しはいるから発売当初なら少しは売れるだろう。
ところが、値段が高いものほど品選びに選択肢が必要になり、また仕入れもしやすいから、値段の高いものを扱い始めると一挙に品種と品目が増える。そうすると在庫過多になる。ところが売れ行きは数週でぱったり止まるから、死に筋の処分に売場の担当者が忙殺されることになる。僅かに売れた高額商品から捻出された荒利益高など一瞬で吹き飛ぶのである。

もっと困るのは価格レンジの上限が拡がることで値段が高いイメージが定着することである。これで固定客を失うことになる。
⑨の少量化とバラ売りもシニア対策として流行しているが、買上点数が増えても客単価が減

ることになる。さらに売場の作業人時数が増える。

しかも、この販売方法が客にとって便利なのかといえばそうでもない。次に買い物に来るまでに必要な量を確保しなければならないが、いったいいくつあればいいのか考えなければならないからだ。大容量でも保存ができるようにしてあればその必要はないのだ。

買上点数の増加は固定客の増加でもある。固定客が育てば安定した客数が確保でき、営業と販促のあの手この手がいらなくなるのである。

9. 野菜をめぐる誤解

■値段が高く香らない日本の野菜

日本の農産物は他国のものよりおいしく、鮮度が高く、安全だと日本人は自負しているらしい。だから国産をありがたがるが、その根拠は曖昧だ。工業生産品は世界一の品質を誇った時代もあったが、農産物では過去も現在もグローバルに通用するほどの品質であったためしがない。高級果物は世界の富裕層に珍重されているらしいが、1個1000円もする桃やリンゴや柑橘類、1万円もするマンゴーはいくら美味でも、庶民の暮らしの範ちゅうにはない。

日本の農産物は国際価格と比較してとにかく値段が高い。アイスバーグレタスは特売価格が98円前後とアメリカのSMのレギュラープライスの98セントと大して変りがないのだが、重量を比較するとアメリカのレタスは2倍以上の重さがある。アメリカのレタスは水分含有率の高い完熟した葉がぎっしり隙間なく重なり合っているからである。

また、日本のSMの野菜売場では野菜の香りがしない。それに対しアメリカのSMの野菜売場では、青果市場でセリが行われる直前のむせるように新鮮な野菜の香りを味わうことができるのだ。

さらに食べてみれば違いは歴然としている。アメリカの野菜は鼻から入る香りの〝アロマ〟と口中から鼻に抜ける香りの〝フレイバー〟、そして舌で感じる味覚〝テイスト〟が野菜独特のおいしさを構成している。

原因ははっきりしている。日本の野菜は見かけを重視し、香りとうまみを犠牲にした品種改良（悪）がされている例が多いのに対し、アメリカの野菜はつくる側の都合で改悪されておらず、本来の香りとうまみを持っているのだ。

アメリカの農産物はSMチェーンのバーティカルマーチャンダイジング・システムにより開発されたPB品が主力である。うまみを保持した品種の開発と同時に、大量生産体制の構築により売価の引き下げと安定供給を実現することで、消費者のニーズに答えているのである。

一方、日本のSMは農産物について生産者まかせである。グロサリーはSBやPBを増やし、品質の改善と売価の引き下げに努力してきたが、農産物については小規模生産者相手に多品目少量取引を続けている。だから売価を下げられず、品質はつくる側の都合優先のままである。

■完熟収穫ができない日本の野菜

アメリカの野菜が香り高くおいしいのは根本的には種が違うからだが、もうひとつ重要な要素は完熟してから収穫しているからである。片や日本の野菜は熟す前に収穫するから、それがない。なぜアメリカで完熟収穫ができて日本でできないかは、流通過程の温度管理システムの有無が影響する。

先に述べたようにアメリカでは野菜の収穫直後、1時間以内に摂氏2～3度に急速冷却する。その後はセンターでも配送トレーラーでも売場の冷蔵ケースでも同じ温度に維持するのだ。このコールドチェーン・システムにより、完熟した野菜は客の手に届くまで最高の状態を保つことができる。

アメリカのSMでアイスバーグレタスを購入し、芯温を計測すると摂氏2～3度である。どのSMチェーンのものも例外なく同じ温度帯である。収穫直後の急速冷却のままであることが実証されている。ところが日本では冷蔵ケースに入っていても、アイスバーグレタスの芯温は

16度ある。常温流通のレタスを店についてから冷蔵しても遅いのだ。

日本ではコールドチェーン・システムが構築されていないために流通過程で品質劣化することを計算して熟す前に収穫する。当然に輸送の過程で品質は劣化する。そこで品質劣化した野菜を蘇生するための設備を持っている店舗があるが、アメリカではその必要がない。

日本では葉菜を常温で販売しているが、それは収穫してからずっと温度管理をしていないからで、アメリカでは考えられない。たとえ店に着いてから蘇生し、冷蔵ケースに入れたとしても劣化した品質は元に戻らない。だからおいしくないのだ。

コールドチェーン・システムを構築するためには、多品種少量生産ではその設備投資を回収できない。商品改革はマスにならなければ効果がないのだ。そのためにベーシックな農産物から大量生産体制をつくらねばならない。だから小売業が主導権を持って仕組みづくりに関与すべきなのだ。これまでのように小規模生産者にまかせてはおけないのである。

■遅れている農産物のバーティカルマーチャンダイジング

最近になって大手企業が農産物のバーティカルマーチャンダイジング・システム構築に挑戦し始めた。日本でもようやく安くておいしい農産物の開発に向けた努力が始まったのである。

この分野のバーティカルマーチャンダイジングの仕組みづくりはフードサービス業が先に着

手した。イタリアンレストラン・チェーンのサイゼリヤは２０００年に福島に２８０ヘクタールの自社農場を開設し、また農場周辺の農家とも契約し、仕様表を発注して野菜と米を栽培している。残念ながら２０１１年３月に起きた原発事故の影響で自社農場を縮小しているものの、２０１２年１月に仙台にも拠点をつくって一部の野菜を出荷している。

少し遅れて居酒屋チェーンのワタミは２００２年に農場経営を開始している。

小売業ではイトーヨーカ堂が２００８年に農場経営に参画し、イオンは２００９年に自社農場を開設、他に契約農家に仕様書発注もしている。同時にコールドチェーン・システムの構築も手掛けており、鮮度を維持したＰＢの比率を８割まで高めようと挑戦中である。他にもコンビニ大手のローソンや北海道のコンビニチェーンであるセイコーマートも取り組んでいる。

年間を通じて安定供給するためには産地を移動しながらＰＢを生産しなければならないので、温度帯の異なる地域で直営農場と契約農家を併用する必要がある。さらなるマス化を目指して海外生産に着手した企業もある。

大手が農産品の分野でチェーンストアらしい改革に本腰を入れ始めた以上、日本のスーパーマーケット業界で遅れていた寡占化が一挙に進むはずである。

■青果売場の収益性回復が急務

日本のＳＭの青果売場の収益は危機的状態である。売上高は十分高いのに多くの企業が大赤字をつくっている。大改革をしなければ生き残れないほど深刻だから大手ＳＭ企業が重い腰を上げたのである。

図表10はアメリカと日本の青果部門の経営効率比較である。㋬の「営業利益率」でわかる通り、アメリカが17・１％と核売場らしい高収益を確保しているのに対し、日本は対象17社中の８割が赤字なので平均値を取りようがないのが現状である。この差は㋭の「荒利益率」に由来する。アメリカが32・８％なのに対し、日本は18・５％で20％を切っているのだ。

原因は４つある。第１に、特売の目玉として僅か数円の極端な安売りで原価割れ販売をしていることだ。もちろん法律違反だが、農産物は調達先が小規模で原価がごまかせると特に中小のＳＭが大手の低価格に対抗する手段として多用している。それに釣られて大手も荒利益率を削って低価格化を進めたことが影響している。

第２の原因は死に筋品目の増加である。例えば甘いトマトが開発されてそれらを仕入れると、死に筋が増える。値段が高いから売れないのである。極端な例ではトマトが30品目もあり、そのうち売れ筋は売価の低い３品目だけで後の27品目はまったく売れないのだ。その結果、売れ筋３品目が高回転して稼いだ僅かな荒利益高は死に筋27品目の値引きと廃棄で一挙に

図表10　青果部門の経営効率比較

$1＝100円換算

		アメリカ　平均	日本　平均
イ	青果総売上高	5.3兆円	
ロ	SSM売上高構成比	12.0%	
ハ	1店当たり週売上高	279万円	448万円
ニ	1店当たり年売上高	1.4億円	2.3億円
ホ	荒利益率	32.8%	18.5%
ヘ	営業利益率	17.1%	赤字
ト	売場面積	80坪	62坪
チ	売場面積構成比	12.1%	12.0%
リ	売場販売効率	180万円	376万円
ヌ	フルタイマー	2.3人	
	パートタイマー	2.5人	
	フルタイム換算	4.0人	7.1人
	1人当たり売場面積	20.0坪	8.7坪
	週人時数	160	284
	人時生産性	5,735円	2,514円

資料：アメリカの数字はProgressive Grocer Market Research 2013から
日本の数字は日本リテイリングセンター主催セミナー参加企業（17社）から集計

吹き飛んでしまう。

第3の原因は先述の「地産地消」「生産者の顔が見える」の流行である。いずれの場合も生産者が小規模すぎるため値段が安くならず、供給量と品質が安定しない。安定供給するためにはソーシング活動により産地開拓が行われなければならないから、産地を近隣に限定するのは無理がある。さらに、小規模の生産者は調査研究費を使えないから商品の革新は望めない。まして、もともと消費者が望んだわけではないのでその効果もない。

以上は商品部の問題であり、商品部の改革は緊急を要する。商品部組織の変更、品ぞろえの再構成と仕入れ先の変更、そして仕入れ方法の改善を一挙に進めなければならない。ここに40歳以上のベテラン社員を動員すべきなのだ。それと並行してバーティカルマーチャンダイジング・システム構築も不可欠である。

しかし、赤字になる原因は商品部だけがつくっているのではない。図表10のⓡ「売場販売効率」はアメリカの180万円（1ドル100円で換算）に対して、日本は2倍以上の376万円と高い。荒利益率が低くても売場販売効率が高いので、坪当たり荒利益高は日本の方が多くなる。それでも赤字になるのは販売経費を使いすぎるからである。

図表10のⓝのうち、1人当たり売場面積がアメリカは20坪なのに対して日本は8・7坪と半分以下しかない。逆に言えば同じ売場面積に2倍以上の人手をかけていることになる。これが日本の青果売場が赤字になる第4の原因である。

バーティカルマーチャンダイジング・システムの構築と業務システム改革、この2つともを完成させた日本のSM企業はまだない。オーバーストア時代に突入した今日、時間との戦いである。

第2章

アメリカのSSMに学ぶ

supermarket

1. アメリカの食品小売業の概要

■大チェーン寡占のアメリカSSM業界

日本のSMがコンビニ・チェーンと日本型スーパーストアに追いつき追い越すには、アメリカのSSMチェーンの仕組みをそのまま取り入れればよい。

ところが日本のSM企業の幹部たちはアメリカ視察時にSSMの大チェーンではなく、特殊なローカルチェーンやオーガニックチェーン、さらに大都会の食料品店を見て回り、売場づくりのアイデアだけを真似て、チェーン化の仕組みづくりを学んでいない。だからコンビニに勝てないのである。

アメリカのSSM業界は大チェーンが寡占している。2013年度は上位5社（1位はウォルマートだが他4社はSSM）で食品小売総売上高の45・8％を占拠しているのである。

それに比べて日本の上位5社の同占拠率は37・8％にしかならない。しかも、この5社にSM企業は入っていない。チェーン化のシステム開発が遅れているためにマスのご利益を享受できないでいるからである。つまり大手が大手にしかできない経営活動を放棄しているのだ。

ちなみにヨーロッパ各国の大手SSM企業による占拠率はアメリカより高く、ドイツが61・

5％、フランスが65・1％、イギリスが75・6％に達している。人口の少ない国の方がチェーンによる寡占化の速度が速くなるので、日本はアメリカより占拠率が高くなければならないのに、その半分以下なのはおかしい。

だからこそわれわれは欧米のＳＳＭチェーンから学ばねばならないのだが、占拠率が高すぎるヨーロッパのチェーンは競争が少ないので比較しにくい。その点、アメリカはＳＳＭ業界と他フォーマットとの綱引きが続いている中でＳＳＭが勝ち進んでいるため、同じ状況下で競争に負けている日本のＳＭが学ぶべき点が多いはずである。

■食品売上高はＳＭがトップ

現在、アメリカの食品売上高のトップ企業は、ウォルマートである。ウォルマートはスーパーセンターとＳＳＭとＤＳ（ディスカウントストア）とＭＷＣ（会員制ホールセールクラブ）、の4つのフォーマットで食品を扱う巨大企業である。

だが、フォーマット別に見れば様相は異なる。図表11は２０１２年時点でのアメリカの食品フォーマットの勢力を示しているが、食品を主力とする①ＳＳＭ、②ＳＭ、③ＣｂＳ（フード＆ドラッグのコンビネーションストア、売場１２００〜１５００坪の大型店）の３つのフォーマットの売上高占拠率が計39・7％で最も高い。

図表11　アメリカ食品小売業界・フォーマット別の勢力

フォーマット	1980年 店数	1980年 占拠率(%)	2012年 店数	2012年 占拠率(%)	2017年予想 店数	2017年予想 占拠率(%)
①SSM ②SM ③CbS（既存食品フォーマット）	33,850	69.0	26,257	39.7	25,821	36.5
④SuC（ほとんどWal-Mart）	——	——	3,710	17.3	4,256	18.2
⑤MWC	——	——	1,355	8.7	1,481	9.0
⑥CvS	35,800	5.4	29,255	2.2	30,351	2.2
⑦CvS＋ガソリンスタンド	——	——	126,258	12.7	130,990	13.8
⑧小型WS	920	2.5	——	——	——	——
⑨SWS	7	——	550	1.8	594	1.9
⑩DS	——	——	3,381	4.4	2,772	2.7
⑪Limited Assortment	750	0.6	3,774	2.7	4,002	3.4
⑫VS	——	——	25,856	2.4	33,767	3.1
⑬Dgs	——	——	22,907	5.4	24,866	5.5
⑭ナチュラル・オーガニックSSM	——	——	965	1.1	1,285	2.1
⑮Military	——	——	179	0.5	179	0.5
⑯その他	96,000	22.5	8,700	1.1	8,692	1.1
計	167,327	100	253,147	100	269,056	100

資料：Willard Bishop「Future of Food Retailing Report」June 2013

アメリカではSMは売場800坪以上が常識化しているので、スーパーストア化したSMをSSMという。企業別で見ると、食品売上高2〜4位はSSMチェーンが占める。つまり、SMおよびSSMがアメリカ人の食生活を広い範囲で賄っていることになる。

一方、⑥CvSの占拠率は2・2％しかない。⑦はCvSを併設したガソリンスタンドで、ガソリン売上高が大半を占めるので、そのままコンビニの売上高にはできない。従って1980年の5・4％が、コンビニの実態を示す指標になるはずだ。

このように、食品小売業におけるアメリカと日本との最大の違いは、SM（SSMを含む）とコンビニの影響力の差といえる。

■それでもSSMの占拠率は低下

ただ、1980年の食品フォーマットでは①〜③の合計は69％、約7割で圧倒的な寡占状態であったことがわかる。30年後、その占拠率を29・3％も大幅に減らすことになったのは、新フォーマットの登場があったからである。

1980年代には⑤のMWCが登場した。生鮮食品とグロサリーの売れ筋品目だけを1品大量陳列して束売りする販売方式を取り、売上高の3割強が食品によるものである。もともと小規模の小売やフードサービス業相手の卸売店という名目で、バルクパックを安売りするフォーマットである。だから会員制なのだが、会費さえ払えばだれでも会員になれる。

品目の選択肢は少ないが売価の低さは魅力である。客は大量に消費するものを最低価格で入手するために、目的を持って来店する。大家族はもとより少人数でも、毎日必ず消費するものならボリュームディスカウントでまとめ買いする方が便利である。

このフォーマットの来店頻度は平均月1回と低い。大商圏フォーマットである。アメリカでは3社がこのフォーマットのチェーン化を進め（そのうち1社はウォルマート）、20年間で飽和状態になった。だからコストコは日本に進出したのだ。

⑩のDSも1990年代に食品売場を拡大した。今では売上高構成比の約15％が食品である。こちらは生鮮食品を扱わずグロサリー主力である。最近では冷凍・冷蔵技術が進化して生

鮮食品のグロサリー化が進んでいるので、品ぞろえの範囲が広がっている。しかし、DSは客層が広く購買頻度の高い品目しか扱っていない。主力である非食品の買い物に来たついでに、必需品をついで買いする客向きの品ぞろえである。SSMとは購買動機（買い物のTPOS：Time, Place, Occasion, lifeStyle）が違うのである。

食品売上高全体では4・4％の占拠率でしかないが、来店頻度が月2～4回と非食品としては高いため、アメリカのSSMチェーンにとって侮れない敵なのである。

これらの食品マーケットへの新参入組はベーシック品目だけに扱いを絞り、1品目ずつ最も有利な調達先を見つけている。また物流と業務システムの面では非食商品同様の合理化を進めているから効率が良い。新興勢力は既成概念に囚われないことが長所である。

■100年以上の歴史をもつアメリカのSSMチェーン

アメリカのSSMチェーンは歴史が古い。2012年時点で食品売上高ランキング2位のクローガーは20世紀初頭から紅茶のバーティカルマーチャンダイジングを開始し、1930年代にSSMフォーマットを確立している。3位のセーフウェイも5位のアルバートソンも同様に、紅茶のバーティカルマーチャンダイジングから始めたSSMチェーンである。3社共にプライベートブランド商品の比率が高いのは歴史的な発展経過によるものである。

アメリカの食品売上高ランキングでウォルマートがトップの座に就いたのは2000年度からである。

それまで約1世紀の間、SSMチェーンが食品小売業界をリードし続け、現在でも2位以下はSSMチェーンが占めている。一大勢力を維持し続けているのである。

■「ハイ&ロー」から「EDLP」へ

かつてアメリカのSSMも毎週特価特売を行っていた。木曜日の新聞各紙にはフード特集が組まれ、地域ごとにナショナルチェーンとローカルチェーンが特売広告で特価を競っていた。広告は1社ごとに6~10ページに渡るため、2つ折りの厚さが2センチにも及んだ。客はそれらの広告で各社の売価を比較し、週末に買い物する店を決めていたのである。

ところが今日ではアメリカの新聞にフード特集はない。新聞の日曜版には非食品チェーンが1~4ページもの、または冊子型のチラシ広告を折り込むが、SSMチェーンの広告は稀少である。あっても見開きの裏表で4ページまで、チラシはほとんど見かけない。

減少の理由は、SSM各社が特価特売で売上高を稼ぐという「ハイ&ロー」方式から「EDLP」に移行したためである。そのきっかけとなったのがウォルマートの食品フォーマットへの参入である。

ウォルマートがスーパーセンターのチェーン化を開始したのは１９９０年だが、この新フォーマットはＥＤＬＰを基本とし、当時の食品フォーマットでは一般的だったハイ＆ローを取り入れなかった。

同社はＥＤＬＰの効果をすでに創業フォーマットのＤＳと、後発のＭＷＣのサムズ（６５５店）とで立証ずみだったのだ。

特売をせず品目数も少なく、特別なことは一切しないので、最初は客が来るのかどうか疑問視されたが、次第に固定客が増えて店数の増加に繋がっていった。

１９９０年代の後半までは、ウォルマートと対抗するため魅力的な特売を頻繁に催し、ウォルマートが扱っていないトレンド商品や低頻度品や高級品を扱うことが効果的だと、それらを実行している中小チェーンを称賛するマスコミ記事が多かった。しかし、そこで取り上げられたＳＳＭ企業はウォルマートとの競争に負け、大手企業に吸収されていった。

残った少数の大手ＳＳＭ企業は、ウォルマートの事例から広告費も特売実施のための特別な営業費用もかけず、客が使い続けるベーシックアイテムをどこよりも安くＥＤＬＰで欠品なく販売し続ける企業が勝利することを学んだ。そこで２０００年代に入ると徐々にハイ＆ローからＥＤＬＰへ業態の変更を始めたのである。

■EDLPが様々なフォーマットに波及

アメリカではEDLPが様々なフォーマットに波及している。バラエティストアは最初からEDLPのフォーマットである。最も身近な生活必需品をもともと最低価格で売っているので、客はそれ以上の値引きを期待していない。

その最低価格を維持するためにはローコストオペレーションが不可欠だ。そのため少ない人数で完全作業ができるように店舗設備も棚割りも補充頻度も作業割り当てもすべての業務と作業が標準化され、時給の低い従業者が楽にこなせる仕組みが完成している。

だから新聞折り込みチラシを配布するタイミングは8月の新学期セールと11月のクリスマス前の2回ほどに限定される。店頭配布の広告はあるが、その内容は特価の強調ではなくシーズナルのコレクション品ぞろえを主張するものである。

一方、ドラッグストアやDSなどの非食品フォーマットは、週末に新聞折り込みチラシ広告を発行する。しかし、特売対象は季節品かホット商品に限られ、期間も1週間以上と長いことが1~3日の短期特売が常識化している日本とは違っている。1週間あれば誰でも買い物の機会を見つけられるのだ。

実はこれらのフォーマットもベーシックアイテムはEDLPで販売している。いつでも同じ低価格で売り続けているのである。

DSのターゲット社はウォルマートと同じNB（ナショナルブランド）品を売る場合は、ウォルマートと同じ価格に合わせている。さらに生活消耗品のSB（ストアブランド）もEDLPである。

最近では百貨店でさえ独自に開発したPB商品を最初から低価格に設定してEDLPで販売している。そのほうが固定客の誘致に役立つし、作業コストを大幅に削減できるからである。

EDLPの本質は、「ハイ&ロー」の特売にかかる人件費や販促費や輸送費を価格の引き下げで最初から客に還元してしまおうという作戦である。安くすれば売れるのなら最初から安くすればよい。そのために安く売れる仕組みをつくるのである。客にとっても企業側にとってもその方が有利だからである。

■急速に成長するスーパーセンター

アメリカでは1990年代に入ると、既存食品フォーマットにとって更なる強敵が出現した。ウォルマートのSuC（スーパーセンター）である。

図表11で分かるように、1980年には存在しなかったフォーマットである。1号店が1990年代に入ってからできたので、わずか20年で食品売上高占拠率が17・3％になってしまった。おかげでSSMチェーン組の占拠率が激減することになったのである。

ウォルマートの前身はＤＳである。食品分野には素人だったが、ウォルマートは大手食品ディストリビューターを買収して新たな商品調達に備えた。そして、アメリカで最も客層が広く購買頻度の高い低価格のベーシックアイテムだけで構成した便利な非食品の品ぞろえに、同じく低価格のベーシックアイテムに限定して品ぞろえをした食品部門を加えたのである。

この品ぞろえはウォルマートだからこそできる。他の大手ＤＳ、ターゲット社とＫマートが追随したが失敗に終わっている。失敗の原因は食品と非食品の購買頻度の違いが大きいことにあった。

食品を買うときは今晩や明日、長くてもせいぜい3～4日分のことだが、非食品となると支払額が多くなるだけに数か月、数年先のことまで考えなければならない。その両方に思考をめぐらすことは至難の業である。

ウォルマートと他社が違う点は、ＤＳとしての品ぞろえが食品に近く購買頻度の高い品のみに限られていることである。ＤＳ他社と較べて値段の高い品、特別用途の品は扱っていないのである。このことを「商品レベルの統一」という。

日本でも、日本型スーパーストアは食品と非食品を同じ店内で扱っている。１９７０年代まではどちらも低い価格帯を目ざしていて商品レベルが統一されていた。しかし１９８０年代にそれが崩れた。売場面積の拡大につれてホームと服飾に高額商品が増えたからである。

そのため日本型スーパーストアの非食品の人気が一挙に下がり、食品部門の売上高構成比が高まることになったのである。従って日本型スーパーストア全体としては非食品売上高の減少で業績が低迷中なのである。

ウォルマートのＳｕＣの成功は、同社が１９６０年代から培ってきた広客層高頻度非食品の品ぞろえという前提があるからで、他社では簡単にはいかない。

日本でも１９９０年後半からウォルマートの成功にあやかろうとスーパーセンターもどきが各地に出現したが、成功例がまだないのはそのためである。食品と大型家電を同じ店内で売っても客は便利さを感じない。

アメリカでは１９８０年代にＳＳＭチェーンが食品分野で不動の地位を確立した。しかし、その後は新興勢力にじわじわと侵略されている。

ところが日本では、ＳＭチェーンは未だかつて食品の分野でトップに立ったことがない。それは同業同士の同質競合により保守化したことが原因である。原点に返って、アメリカのチェーンから原理原則を学ぶべきである。

2. アメリカのＳＳＭチェーンの強さ

■生鮮食品部門で2桁の営業利益率

アメリカのＳＳＭは８００坪をほぼ食品だけに使っている。売上高構成比は図表12の通り食品が８割を超えている。８割のうち６割が生鮮食品で４割がグロサリーである。残りの２割弱は非食品の売上高だが、売場が１０００坪以上あっても衣料品は扱わない。食品とは購買頻度と買い物目的が合わないからである。

アメリカのＳＳＭは生鮮食品が強いのだ。日本も同じだと考えるかもしれないが、収益性がまるで違う。日本のＳＭは生鮮３品の売上高こそ高いが、そこで大赤字を出している。ところがアメリカのＳＳＭは主力である生鮮食品部門が店段階で２桁の営業利益率を得ている。

アメリカのＳＳＭチェーンはバーティカルマーチャンダイジング・システム構築による農産物の安定供給を行っていることはすでに述べた。客のニーズに合った品種、品目を種から研究し、必要なだけ確保するルートを自ら開拓している。だからマーケット価格に左右されず、適切な品質の商品を安定供給できるのだ。

後発の他フォーマットにとってこの仕組みづくりは簡単ではない。だからコンビニは元より

図表12　アメリカのSSMチェーンの売上高構成比

○印増加中　（単位：%）

		2014年度			1998年度		
生鮮	肉・魚	○16.6	28.2	82.3	15.5	25.9	80.3
	青果	○11.6			10.4		
日配・冷食	デイリー	9.1	25.3		8.9	29.3	
	冷凍食品	6.2			7.2		
	対面販売デリ	3.7			8.2		
	セルフサービスデリ	1.3					
	パッケージ入りベーカリー	2.9			3.0		
	インストア・ベーカリー	2.1			2.0		
他グローサリー	食品	○21.7	28.8		15.1	25.1	
	飲料（酒含む）	6.9			9.8		
	花	0.2			0.2		
非食品	日用雑貨（グロサリーに含まれる非食品）		6.0	17.7		9.1	19.7
	家庭雑貨（General Mdise.）		○5.6			3.9	
	HBC		3.0			4.0	
	調剤薬局		3.1				
	その他					2.7	

資料：Progressive Grocer 2015/7号、1999/4号から日本リテイリングセンター作成

スーパー・ドラッグストア・チェーンもバラエティストアのチェーンもアメリカでは生鮮食品を扱わない。扱っているのは冷凍などグロサリー化した生鮮食品だけである。

一方で、日本のSMの生鮮食品売場は売れる商品ではなく、売りたい商品が多すぎる。それらは死に筋となり、値下げや廃棄処分の手数がかかることになる。実は死に筋商品管理に膨大な人件費をかけているのに気がついていないのである。

死に筋が居座る売場では売れ筋の陳列量が減らされ、発注と補充の頻度が高くなる。途中で欠品が発生しやすいことも問題である。

その結果、人時生産性は2000円台となり、アメリカの半分以下なのだ。

日本のSMは主力である生鮮食品部門を再生しなければ他フォーマットとの競争に勝てない。グ

ロサリーでは差がつきにくいから、ここで差別化しなければならないのだ。

それにはバーティカルマーチャンダイジングとローコストオペレーションの仕組みづくりが決め手となる。

ようやく日本でもイオンなど大手が生鮮食品のバーティカルマーチャンダイジング・システムづくりに取り組み始めた。ローコストオペレーションの仕組みづくりについては中規模の先進ＳＭ企業があらゆる店内作業のセンターへの集約を始めている。まだまだアメリカのＳＳＭチェーンから学ぶチェーンストア経営の原則は多いのである。

■SB化、PB化の推進

アメリカのＳＳＭチェーンが強いのは、売れ筋商品のストアブランド（ＳＢ）またはプライベートブランド（ＰＢ）化の推進で、低価格販売をしながら着実に利益を確保しているからである。

このＳＢ化、ＰＢ化はグロサリーからスタートした。その後、農産物、食肉と加工肉、そして今日ではカット野菜とカットフルーツ、加工食品、冷凍食品、非食消耗品の分野まで商品開発の範囲を広げている。

アメリカの野菜は実においしい。特に葉菜が瑞々しく風味が強い。種の種類が違うだけでなく生育方法も違い、完熟状態まで待ってから収穫するからである。だから生育期間が日本より長いのだ。葉菜も根菜も果物も見かけより味と香りを重視して改良しているので、風味の良い農産物ができるのだ。それなのに値段は半分以下である。しかも品種が多様である。

客の使用目的別に品目が用意されていることも特徴である。葉菜ならまず生食用か加熱調理用かで売場が区別されている。いずれの売場にも日本にない葉菜の種類が多く、味と香りのバラエティが楽しめる。特に日本に少ないのは加熱用の葉菜だが、アメリカにはケールやからし菜など栄養価の高い緑色の葉菜の種類が多いのだ。玉ねぎやジャガイモなど根菜類は年間を通じて販売するが、そのためには産地を計画的に入れ替えて生産する。葉菜同様に用途別に品目が開発されていて、玉ねぎなら揮発性の高いものとそうでないもの、辛いものと甘いものが同じ値段で選べるようになっている。もんろんＰＢである。

果物なら生食、ベーキング、料理用と用途の広いリンゴは味と香りと食感と色の違う品目が揃っている。重複なく明らかに違いの分かるものばかりが20前後もあるのだが、その8割は同じ値段だから選びやすい。

先に述べた通り大手小売業がようやく大規模農業への参加を表明し、準備を進めている。値段が安くておいしい野菜を客に提供するためには規模の利益を活用した種と育成方法の開発、そして大量生産体制の構築、産地開拓、コールドチェーン化が不可欠である。

アメリカのSSMチェーンが1980年代までに構築した仕組みである。今日のカット野菜の賞味期限が10日以上と長くなったのも、この技術革新の成果である。

農産物の商品開発には種、土壌、育成方法、冷蔵、冷凍、コールドチェーン化など、それぞれに専門家の介入が必要となる。そこで人材の投入と調査研究費を十分に捻出できる大手が有利となる。しかし、品目を絞ることで1品目ずつPB開発することは中規模SM企業も可能である。開発のノウハウを蓄積すれば成長の原動力になるはずである。

■生鮮食品のグロサリー化

アメリカのSSMチェーンは1980年代から生鮮食品のグロサリー化に取り組んできた。日本にも紹介されたレディー・ツゥ・イートの「プリペアードフード」、つまり調理済みで温める、またはそのまま食べられる加工食品である。冷蔵、冷凍、レトルトなど販売形態はさまざまだが、日持ちしない生鮮食品を10日以上日持ちするプリペアードフードの食品に仕上げたのだ。

そうすることで商品管理が大いに単純化された。缶や瓶入りのグロサリーと同じように箱入りのまま運搬できるようになったのである。

日本ではプリペアードフードについて思い違いが多い。店の加工場でパート従業者が手作りした出来立て総菜を客に提供するものとの解釈である。これでは調理のプロが関われないからおいしくならない。また、原材料は総菜専用の問屋から仕入れただけの既存品だから工夫がない。さらに、多品目少量生産で手数がかかるだけでなくロスと機会損失が大きく、適切な利益が出せない。なにより衛生管理が難しい。しかも、出来立てを提供したとしても客が食べる時にはすっかり冷めきっているから意味がない。

本当のプリペアードフードは調理のプロが作った仕様書に従ってバイヤーが最適の原材料を調達し、衛生管理と温度管理の行き届いた工場で性能のよい機械で加工した後、冷蔵や冷凍、レトルト、フリーズドライなどに保存加工する。つまりグロサリー化したものである。店側も保存できるが客も購入後に保存でき、生鮮食品のようにすぐに消費しなくて済み便利である。

日本ではシニア向け商品として少量・小分け対策が話題になるが、アメリカでは冷凍総菜の使用量が増えている。冷凍食品なら必要なだけ取り出して残りは保存できるから使いやすいのである。

最近アメリカでは冷凍魚のＰＢが一挙に増加中である。皮と骨と頭を取り除いて一人分にカットした後、冷凍したものだ。冷凍だから魚独特の臭いもなく、加工しやすいため需要が増えているのだ。ローカロリーと善玉コレステロールの存在も歓迎される要素である。

形態の種類と品目は増え続けており、低カロリーでありながらおいしい料理が増えている。

しかも電子レンジで加熱するだけで食べられるので、シニアだけでなく共働きのダブルインカム・ファミリーにも若者にも人気である。

日本のSSMは客が本当にして欲しいことに面倒でも取り組まねばならない。やりやすいことや根拠のない物まねは止めなければならない。商品問題における収益性確保の決め手は生鮮食品のPB化とグロサリー化にある。競争対策として避けて通れないテーマである。

3. アメリカの小商圏食品フォーマット

■中心はリミティッドアソートメントストア

アメリカでも日本と同様に小型SMが台頭している。もちろんフランチャイズチェーンではなく、レギュラーチェーンである。しかし日本の小型店と根本的に違う点は、品目数が少ないリミティッドアソートメントストアであることだ。

1坪当たり品目数が5～12で、普通のSSMの25～35の半分以下の品目しか扱っていない。だから小型SM（スーパレットともいう）ではなく、リミティッドアソートメントストアなのである。

品目数が少ないのはベーシックアイテムだけに限って扱っているからである。例えばバターなら塩を添加したものと無塩のものと機能が異なる2品目だけで、その両方がPBである。歯磨き用のペイストならトップ・ナショナルブランドのクレストのクラッシック1品目だけなど割り切った品揃えである。

人口の8割が共通に頻繁に使う品ばかりを精査して扱う、つまりSMの品揃えをラインロビング（用途、購買頻度、価格帯を統一した売れ筋だけの総合化）しているのである。

売価がウォルマートより安いアルディー（本部ドイツ）も、ディストリビューターのスーパーバリュがチェーン化しているセーブアロットも1300店になった。他にもバラエティストアの1万店チェーンのダラージェネラルがダラージェネラルマーケットとしてリミティッドアソートメントストアを実験中である。

200坪前後の小型店ながらベーシックアイテムだけを1品大量陳列しているからショートタイムショッピングがしやすく、買上品目数の少ない単身者と高齢者に人気がある。

これらの新興勢力の特徴は、

①ベーシックアイテムだけをSB・PB化し

②低価格で

③生鮮食品はグロサリー化したものを主力に

④店舗と品ぞろえは標準化レベルが高く
⑤特売なしのEDLPで販売
⑥ローコストオペレーションを徹底しているため
⑦荒利益率が低くても利益が出せるのだ。

これら小型店がアメリカで成立する理由は、SMが売場800坪以上に大型化し、「フード&ドラッグ」のコンビネーションストアの1400坪型が増え、さらに食品フォーマットの中枢に地位を確立したウォルマートスーパーセンターが売場4000坪型を増やしたからである。

大型店で数品目だけを目的買いするには時間がかかる。広い駐車場の空いているスペースを探して駐車し、目的の売場まで長い距離を歩かねばならないからだ。チェックアウトの際にはレジで並ぶ。

しかし、200坪前後の小型店なら駐車場から店内へ、そして目的の売場までの距離が短く、ショートタイムショッピングができるのである。大型店とは客の来店動機が違うので、競争にならず両方とも成立する。

ウォルマートは影響力の大きい大型店で寡占化することを優先させているが、その隙間を800坪のSSMで埋めつつある。さらにその隙間を200~400坪型のリミティッドアソートメントストアで埋めようとしているのだが、まだモデルは未完成である。

■本体の経営ノウハウを活用

欧州でも小型店のチェーン化が盛んである。イギリスの食品と非食品の大チェーン、テスコは売場60坪型の「テスコエクスプレス」（1735店）をチェーン化している。

フランスのハイパーマーケットチェーンのカルフールは60〜150坪で都市型の「カルフールシテイ」と270坪でルーラル型の「カルフールコンタクト」など（611店）をチェーン化している。

どちらの企業も本国の人口が少ないため、企業の占拠率が高い。大型店がつくれない市街地か、郊外の大型店は飽和状態でもう増やせないので、その隙間を小型店で埋める作戦である。両国民は両社のPBを既存フォーマットで使い慣れている。その点が日本の状況とはまったく異なっている。

プリペアードフードの商品開発と生鮮食品のグロサリー化は欧州の方がアメリカより先行している。従ってこれらの小型店も本体に蓄積されたノウハウに基づいているものであり、簡単に真似ができるものではない。

これとは別に店舗オペレーションの点でも小型店ならではの工夫がある。小型店の欠点は補充頻度が高くなることで、特に繁盛店は1日に数回の補充作業が必要になる。売場面積が狭いため、1日に売れるだけの在庫を一度に陳列できないからである。

フランチャイズチェーンなら人件費はフランチャイジー（加盟店）側の負担だが、レギュラーチェーンではその人件費が重い負担になるのだ。

大型店なら売れ筋を大量陳列すれば補充頻度を下げられるが、小型店にその面積の余裕はない。この問題を解決するためにアメリカのリミティッドアソートメントストアは品目を売れ筋だけに限定し、1品目当たりの陳列量を多く確保しているのである。

さらに補充作業を単純化するために、シェルフ・レディー・パッケージングで箱ごと陳列が可能なように、箱と陳列形式の開発を行っている。陳列量と販売量の正比例化とそれに伴う補充単位の適正化と標準化、それらに合わせた棚の高さと奥行きの決定など、人時生産性を高めるための研究開発が行われている。欧米ではその点で日進月歩の進化をしているのである。

■似て非なる日本の小型食品フォーマット

日本でも欧米の事例を学び、小型食品フォーマットの開拓に着手した企業が増えている。だが残念なことに売場面積が狭いから、出店が楽だと安易に考えているむきも少なくないようだ。

多くはコンビニエンスストアが扱わない生鮮食品を増やすことで差別化しようとしているが、実はその点がネックになるのである。

売場面積は30～300坪までと各社まちまちだが、1坪当たりの品目数はイオンの「アコレ」100坪型が12品目で一番少なく、次に「ビッグ・エー」90〜150坪で1坪17品目、そして「サンディ」が180坪で1坪19品目、この3社はリミティッドアソートメントストアである。

一方、多い店は1坪100品目以上にもなり、コンビニ以上だから商品管理に膨大な人件費がかかる。多品種、多品目、少量陳列だから発注と補充作業で人時生産性は平均2000円台、目標の半分以下になってしまう。

さらに安売りすれば客数が増え、販売量も増えるので、ますます人件費が膨張し、生産性が低くなる。このフォーマットの場合、従業者1人当たり売場面積が15坪以上にならない限り営業利益が出ないはずである。

従ってチェーンらしい効率のよい品揃えと商品調達システム、ムダのない物流とローコストオペレーション・システムの構築、損益分岐点の低い出店が小型店チェーン化の条件になるのである。

先に述べたように欧米チェーンが開発した小型店チェーンは、これらの問題を解決している。だから店数が4桁に増やせるのである。

日本の小型店の代表はコンビニエンスストアだが、すでにオーバーストアで店数を増やしにくい環境になった。一方で、小型SMの開発が始まっている。そこでコンビニは更なる拡大と他フォーマットからの侵略に備えて、生鮮食品を増やそうとしている。

もともとコンビニ・チェーンは商品加工作業をプロセスセンターかコミッサリーで行う前提がある。商品開発も進んでいるから商品にスペシャルティーがあることも有利である。フランチャイザーとしてフランチャイジーが楽に店舗オペレーションができるように仕組みをつくることにも長けている。

日本ではSSMのチェーン化が先

片やSM企業は店長任せの支店経営方式が主力で人海戦術的オペレーションは得意だが、チェーン化システムの構築は未成熟である。小型店こそ店数の威力がものを言うので、コンビニチェーンと真っ向から対決するのは簡単ではないと覚悟すべきなのだ。

そこで日本では小型店をつくるより、まず売場800坪のスーパーストア型のSM、つまりSSMを確立しなければならない。これが食品フォーマットの基本だから先に人材と資金を集中的に投入して成功させなければならない。

本部であらゆる決定を行い、店の作業はディストリビューションセンターとプロセスセンターとコミッサリーに吸収し、機械化して効率よく作業する。生鮮食品は収穫から加工、そして売場までコールドチェーン化した物流システムに乗せる。

一方、店は決められた通りの作業をローコストで実行する。店長は部下に完全作業をさせる責任者である。

商品はより安く仕入れられる取引先を開拓し、一方では商品開発を成就させる。SSMも小型フォーマットもPBがなければ競争に勝てないのだ。

その結果、品揃えと店舗と効率数値が標準化し、安定した利益が確保できるようになる。つまり本格的なチェーンストアになるのだ。

小型店よりベーシックなSSMをチェーンストアとして育てることが先なのだ。そうすればビッグストア392社の中で突出し、市場を寡占することができる。小型店のチェーン化はそれからでも遅くない。

4. 拡大する冷凍食品市場

■食生活を豊かにする冷凍食品の進化

アメリカにおける冷凍食品売上高は2011年に10兆円を超えた。06年と比較すると5年間で2割の増加である。

一方、日本でも同様に冷凍食品の人気が高まっている。こちらはメーカー出荷高で1兆2000億円だから、荒利益高を加算すると1兆5000億円ほどの売上高になるはずだ。日本の人口がアメリカの4割に相当することを考慮すれば、日本でも冷凍食品は4兆円を超す市場になるはずである。

冷凍食品の人気の要因は、何といっても「便利さ」である。すなわち、

①加工が簡単、または調理なしで食べられる。

②冷凍庫で長期保存ができる。

③買い溜めしておけるから、しょっちゅう買物に行かなくて済む。

④夜中でもいつでも食べられる。

⑤1人でも大人数でも分量の調整が可能で、大容量パックから必要な量だけ出して、残りを保存しておける。

これらの便利さは単身世帯にとっても、共働きのダブルインカム・ファミリーにとっても、増え続ける高齢者にとっても、面倒なしに食生活を豊かにしてくれるからありがたい。

アメリカで冷凍食品が急速拡大した要因はほかにもある。冷凍技術の向上である。完熟野菜や果物、そして魚など、鮮度管理が難しかった素材に冷凍技術が使われるようになり、一挙に品質が向上したことだ。そのおかげで、

⑥これまで冷凍食品として「素材」扱いだった野菜のメニューや、処理が面倒なので避けてきた魚メニューが増えて、一般家庭で食べられるようになった。

これらは今日の食生活において最重要課題である高栄養価と低カロリーの両立メニューのバラエティを広げることになったのだ。そこで、

⑦冷凍食品メーカーは味の向上を求めて「素材」の開発に力を入れ、高度な調理技術から生まれる芳醇な風味を実現し、これまでの冷凍食品と差別化できる新メニューを開発した。

アメリカの大衆が食べたことのなかった中華料理やそのほかのエスニック料理、レストランでしか提供されなかったグルメメニューも登場し、冷凍食品のおかげで食生活が豊かになったのである。

■冷凍食品の主役はプリペアードフード

1980年代からの準備が実って1990年代は新製品の発売が相次ぎ、また改廃の速度が速く、アメリカのSSMの冷凍食品売場の品揃えは目まぐるしく変わった。

その中から売れ筋が定着し、2000年代にはステープル（13週以上の継続品揃え品）が確立していった。半年ごとの品揃え定点観測調査で定着品目の増加は明らかだった。

完成メニュー「プリペアードフード」としてはピザ、シチュー、ミートローフ、ラザニアな

ど、クラシックな家庭料理がある。そこで、⑧アメリカのSSMチェーンは売れ筋NBをモデルに低価格なSBを開発し、マス・アイテムに育てた。一方、

⑨フードサービス業の人気メニューを冷凍食品として売り出す例も増えている。もともと知名度が高いレストランのロゴがパッケージに記載されることで客の目を引くのだ。陳列形式はコフィン（平台）形よりリーチイン方式が主流で、売場面積800坪型のSSMなら約1000メートル、1200坪のCbSなら1110メートル以上も続く。

さらに、⑩SSMチェーン大手各社は独自に開発したPBシリーズのメニューを増やしている。加えて、

⑪今日最大の関心事である健康によい、つまり栄養価が高いうえに低カロリーでおいしいメニュー開発に、チェーンもメーカーも熱心に取り組んでいるのである。

かつては料理素材の便利な提供方法だった冷凍食品はメインメニューに昇格した上、⑫新たなTPOSに対応する商品を開発中である。スナックと片手で食べられる食品（Finger Foods）、特に朝食用は過去2年間で4割（2015年）伸びている。

図表13でわかる通り、冷凍食品は規模拡大とともに徐々に分類が細分化されている。

図表13　アメリカのSSMチェーンの冷凍食品部門の品種構成売上高構成比　（%）

アントレ	28.8	朝食	6.2
肉・魚素材	12.5	デザート、フルーツ	4.4
ピザ、スナック、オードブル	12.3	ベーカリー	4.3
アイスクリーム	11.0	氷	1.6
野菜	10.8	ジュース、飲料	0.7
アイスキャンディ	7.3	前菜	0.1
		計	100

註. 冷凍食品のSSM内売上高構成比は6.2%

資料：Progressive Grocer 2015年7月号から日本リテイリングセンター作成

最も多いのは市場全体の28・8%を占めるアントレで、この割合は増え続けている。先に述べたように品質の向上が目覚ましいのだ。クラシックメニューのほかに、材料の種類が多い、技術がいる、調理に時間がかかるなどの理由で自分ではつくりにくいもの、そして低カロリーの商品が強い。

次が素材としての肉と魚の12・5%である。特にフライパンに乗せれば済むまでに加工した魚のブロックは魚種が増加中である。

これらの素材は冷凍食品売場ではなく肉、魚それぞれの売場のリーチイン、または冷凍コフィンで販売される例が増えている。冷凍食品が特別扱いされず、素材として生鮮食品と同等の扱いを受けるようになったのだ。

ピザ、スナック、オードブルは12・3%である。それだけ巨大な需要がある。子供から高齢者まで客層が広く、ランチにもディナーにも利用される気軽な食べ物なのだ。日本でも拡大中だが、ますます期待できる品種である。

4番目のアイスクリームは11・0％で、デザートのベーシックとして確固たる地位を築いている。SSM各社は品質の差別化と低価格販売のため、全米の各ゾーンにアイスクリーム専用の自社工場を持っているくらい重視している。

日本でも目先の変わったデザートの開発に時間をかけるより、おいしいバニラアイスクリームの低価格大容量パックPBを開発するほうが先である。

■野菜のPB開発が決め手

調理素材の野菜は10・8％である。日本でも冷凍食品としてなじみ深いが、違うのは日本の生野菜より格段においしいことである。完熟してから収穫し、その直後に農場に隣接する工場で、グロサリーとして扱えるまでに完全に処理するから、野菜のうま味が閉じ込められるのだ。工場内も配送中もセンター内も温度管理を徹底しているので、解凍すると生のものと同じ野菜の香りが漂い、冷凍食品だったとは思えないくらいである。

野菜の冷凍食品の開発は、品種や育成方法から研究しないと追いつけない難しいテーマだが、おいしい野菜の大量供給システムの構築は、冷凍食品だけの問題ではない。

これらの品種グループのうちの売れ筋品目は、食品フォーマットだけでなくDS、スーパードラッグストア、バラエティストアなど総合フォーマットがラインロビングの対象としている。各食品売場のリーチインケースの陳列線の長さはまちまちだが、これらのベーシックな冷凍食品は必ず数品目ずつ扱っている。冷凍食品は生鮮食品と違って温度管理さえすれば品質を維持できるし、日持ちするので補充頻度が低くなるからである。

そのほかに、まだ比率は低いがベーカリーも進化している。この分野も品質の改良が進み、自然解凍したものをオーブンに入れただけで老舗ベーカリーの焼き立て同様のクロワッサンが食べられるのだ。

革新を続けるアメリカの冷凍食品は今のところSSMの売上高構成比は平均で6・2%だが、さらにシェアを増やすだろう。荒利益率は28%で店全体の平均値より2～3ポイント高い。SB・PB比率が高まり、加工レベルが上がれば荒利益率はさらに高まるはずだ。

5. アメリカSSM業界の最新動向

■大手も収益悪化

１９９０年代までに統合化と大手の寡占化が進んだアメリカのSSM業界だが、２０１５年度のSSMチェーン各社の業績は、大手までが収益性を低下させている。

SM業のトップ企業であるクローガー（２７７８店）は営業利益率が３・２%と４%台を割り込み、2位だったセーフウェイはABアクイジションLCC（アルバートソンズなど）に２０１４年買収された（計２２３８店）。好業績を維持しているのは３位のパブリックス（１１１４店）の８・２%と、7位のオーガニックSMのホールフーズ（４１２店）だけで、中チェーンも大手並みに収益性が悪化または低迷している。

その原因は間違いなく他フォーマットからの侵略である。侵略組の旗頭はもちろんウォルマートである。１９９1年から始まったSuCのチェーン化は、新店だけでなく本体のDSをSuCに転換する形で増やし続け、今では３０００店を超しているのである。

この影響を受けて中小のローカルSSMチェーンが徐々に淘汰され、大手に吸収されていった。そのため20年前は流通業上位30社ランキングにSSM企業11社が名を連ねていたが、２０

15年は4社に半減している。SSM業界で寡占化が進行していることを示しているのだ。

1990年代にはまだウォルマートの侵略を受けながら頑張っている元気なローカルSSMチェーンのあの手この手の営業戦術が業界紙誌に紹介されていたものだが、2000年代に入ってそんな生易しい状況でないことが明らかになってきた。数年前からはそれらの中小チェーンを傘下に置いてドミナントエリアを確実なものにしたはずの大手でさえ影響を受けるようになってきた。

最大手のクローガーはアメリカの主要市場41カ所のうち38カ所でマーケットシェア1位か2位を維持し、売上高は増やしているのだが、収益性はじわじわと悪化しているのである。

ウォルマートが扱わない味のバラエティやトレンド食品を扱うと、商品管理の手数がかかる。SSMのSKU数は平均4万を超え、ウォルマートの2倍である。客へのサービス強化も相手のEDLPには勝てないのだ。

強敵はウォルマートだけではない。日本にも進出しているMWCのコストコとウォルマート系のサムズはSSMの売れ筋だけをラインロビングしている。つまり食品の各品種の売れ筋だけを拾って低価格販売しているのである。MWCは大容量が特徴だが、1品単価はウォルマートより安いのだ。

他にDSのターゲットとKマートがグロサリー売場を拡大し、ベーシックアイテムのついで買いを狙っている。

新たにチェーン化を開始したリミティッドアソートメントストアも店数の増加と共にＳＳＭの脅威となりつつある。

アメリカの新興勢力は最初からマスのご利益を前提にした本格的なチェーンストアビジネスの仕組みを構築していることが特徴である。

■さらなるＥＤＬＰと商品開発の戦略変更

侵略される一方のＳＳＭ企業は、経営戦略の変更を迫られている。まず新興勢力と対等に戦うためにはハイ＆ローの特売作戦からＥＤＬＰに売り方を変更しなければならない。チラシ広告の特売品で客寄せするこれまでの手法はハイコストとなり、それほどの効果が上がらなくなっているからである。

そこでクローガーもセーフウェイもＥＤＬＰへの移行キャンペーンを実施した。まず、ＳＢ・ＰＢの価格を低く設定し、その価格は変更しない。ＮＢの場合も、年間数量契約をした限定品目を同様の扱いにした。さらにＳＢ・ＰＢを磁石売場で1品大量陳列して目立たせる。そして客に浸透したところでＥＤＬＰに移行したのである。

そのためにＳＢ・ＰＢを増やしている。グロサリーだけでなく、加工食品や生鮮食品、健康食品、オーガニック、非食品にまで手を広げている。この点、他フォーマットの方が徹底しているのでSSM各社は追いつくために商品開発に熱心に取り組んでいる。その結果、荒利益率は28%に近付いているのである。

特に生鮮食品を強化することで他フォーマットと差別化したいSSM各社は、もともとPB化率の高かった野菜をカット、洗浄、パッケージングすることで、サラダだけでなく温野菜のグロサリー化を進めている。パッケージ入り野菜の方が生より陳列線が長いくらいである。

肉については最初からすべての作業をセンター化しているウォルマートに対し、店にブッチャーを置いてオーダーカットすることを差別化の武器としてきたSSMだが、ウォルマートの安さに対抗できず店で行う作業を減らし、サービスの時間を限定し始めた。

また魚介類については生の扱いをエビなど少数品目に限定し、冷凍魚のPBを増やしている。下ごしらえ済みで骨もなく使いやすいことと、日持ちすることが功を奏し、これまで魚を食べなかったアメリカの大衆に魚を食べる習慣がつきつつあるのだ。

低カロリー、低コレステロール、減塩、減糖などの健康食品にもSSM各社は力を入れており、特に加熱するだけで食べられる加工食品のバラエティを増やしている。もちろん店で調理するのではなく工場生産品である。味の向上と低価格化が目覚ましく、フードサービス業のマーケットを侵略しているのだ。

■業務システム改革は第2段階へ

また、更なる業務システム改革も進行中である。競争相手のフォーマットがこぞってローコストオペレーション対策をとっているので、この点でも追いつかないとPB開発だけでは低価格販売ができないからである。

そのためにも4万を超えたSKUを削減中である。例えば牛乳は脂肪の含有量の違いで①成分無調整（脂肪分約3・6％）、②2％、③1％、④無脂肪の4品目について、これまでPBとローカルブランドをそれぞれ2品目ずつ合計8品目持っていたものをPBの4品目に絞るなどである。

また、1200坪の広い面積をもっていても非食品は食器や調理器具などの低頻度品はシーゾナルとして年間の限られた期間だけの扱いとし、ステープルは消耗品に集中している。

店内の設備にもローコストオペレーション対策が見られ、補充頻度を下げるための棚の奥行きの変更や、商品を売場の陳列器具に後方から直接押し出して補充する新たな設備が開発されている。

陳列器具は商品が自然に前進立体陳列を保てるように、ばね式が増えている。冷蔵ケースにも冷凍ケースにも同様の仕掛けが施されている。

一方でこれまでの経験法則を無視した逆行現象も起こっている。更なる高級化を目指し、①

肉や魚や総菜を対面販売する。②珍しい野菜や果物や酒を揃える。③生鮮食品のレイアウトを市場のようなフードアベニューにする。④個人経営のフードサービス業を集めた大型のフードコートをつくる。⑤店舗を3000坪以上に大型化し、ベビーやホームの非食品売場を拡大する、などである。

これらの成功しそうにもない実験はSSM企業の焦りであろう。実際、これら新型の店数は増えていないので実験は失敗に終ったようである。

日本のSM企業はアメリカのSSM企業の最近の動きより、これまでの成功の歴史に学ぶべきである。そして同時に新興勢力の長所も学び、共通点こそ実現すべきである。本格的なSSMチェーンが日本に存在しない以上、誰にでもチャンスがあるのだ。

第3章

新・SM革命の「基本戦略」

Supermarket

1. 経営効率の目標数値

■目指すべきは営業利益率4％以上

日本の多くのＳＭ（スーパーマーケット）の経営効率が悪化していることは縷々述べた。それでは効率向上の目安はというと、図表14の通りである。規模拡大を前提にすると、これだけの効率を維持していなければならない。

Ⓐ営業利益率は４％以上がＳＭの収益性の目安である。そのためには荒利益率を20％以上確保していなければならない。それより低いと目標とする営業利益率を達成するのが難しくなるからだ。

荒利益率が20％を切ると、営業利益率を４％にするには経費率を16％未満に抑える必要がある。店の作業をセンターに移行すればできないことではないが、それをしないからＳＭ上場企業37社の平均営業利益率は１・８％しかないのだ。

しかしセンター建設には準備がいるから、今のところ無理な値引きによる荒利益率の低下は避けなければならない。

営業利益率の適正化は経費率で決まるが、一方では適切な荒利益率の確保も欠かせない。そ

図表14　日本のSMが直ちにめざしたい経営効率

効率項目	目標
Ⓐ営業利益率（店単位）	❶売上高対比４％
	❷荒利益高の20％以上
Ⓑ営業利益高（部門ごと）	●売場１坪当たり年10万円以上
Ⓒ総資本対経常利益率	●15％以上
Ⓓ総資本回転率	●３回転以上
Ⓔ作業効率（会社全体）	❶労働生産性：800万円、次いで1000万円
	❷人時生産性：5000円（店段階6000円）
	❸労働分配率：38％
	❹従業者１人当たり面積：15〜20坪
Ⓕ客１人当たり１回当たり	❶買上額：2700円以上
	❷買上品目数：15品目以上
Ⓖ１店当たり	❶商圏人口：2.5万人未満
	❷売場面積：600坪以上（なるべく800坪）
Ⓗ標準化した店数	❶直営200店以上へ
	❷センター４カ所以上へ

註．計算公式は渥美俊一・著『流通業のための数字に強くなる本』（ダイヤモンド社・刊）参照

の２つの条件を満たすことで適切な収益性が確保できるのである。

最近、売上高を高めるために荒利益率を下げただけの低価格を打ち出している企業が見られるが、収益性の点では逆効果になる。売れれば発注、仕入れ、補充、売場維持に人件費がかかり、営業利益の源泉となる荒利益高を減らすことになるからである。

低価格化は必然だがＬＢ（ローカルブランド、知名度の低いメーカーの商品）開拓とＳＢ（ストアーブランド）・ＰＢ（プライベートブランド）開発を進めないと経費を賄うだけの荒利益高が確保できないのである。

一方、荒利益率が高ければ営業利益が高まるかといえばそうでもない。荒利益率が28％あっても営業利益が平均より低い企業も多いのだ。やはり

利益確保の決め手は経費コントロールにあるのだ。

次にⒷの営業利益高はⒶの営業利益率と同時に考えなければならない。率で目標を達成していても、分母となる営業収入の額が低いと営業利益高が不足する場合があるからだ。売場1坪当たり10万円以上の営業利益を出すことが目標となる。

社内の全員がこの目標を前提に活動しなければならない。

■総資本対経常利益率は15％以上

次にⒸの総資本対経常利益率は企業の業績を客観的に評価する数値である。分子となる経常利益とは営業利益に営業外収益を加えた数値である。それにⒹの総資本回転率を掛けた数値が総資本対経常利益率と同じ数値になる。これは15％が目標である。

そのためには経常利益率が5％なら総資本回転率は3回転必要になる。経常利益率がそれより低く3％なら、総資本回転率は5回転必要となる。

総資本対経常利益率を15％以上にするためには、まずは総資本回転率を高める。投資額を低く抑えることで回転率は高くなるから、店舗開発部だけが努力すれば数値は向上する。

一方、経常利益率を高めるのは簡単にはいかない。経常利益のベースとなる営業利益を高めるには店舗オペレーションにかかわる人々がコスト削減を実行し、商品部は売れ筋商品を切らさず、同時に適切な荒利益率確保に努力しなければならない。関係者が多すぎるのだ。しなければならないことだが、一挙に良くすることはできない。徐々にしか良くならないのである。

従って店舗開発部が高額物件に手を出さず、効率の悪い店舗はスクラップ&ビルドで入れ替えて総資本回転率を高めるほうが先である。

実は投資の良否が企業業績のカギを握っている。なぜなら出店コストと売上高は比例するわけではないからだ。従来の3倍投資して集客力の高い好立地に出店しても、売上高はせいぜい従来型の1・5倍で、3倍にはならない。従ってその投資額で従来型店舗を3店つくった方が得である。損益分岐点が低く、大して売れなくても自然に利益が確保できる低投資の出店をすべきなのである。

そうした立地を見つけるのは店舗開発部の任務である。従ってそこには有能な人材が必要である。社内育成が間に合わなければ外部から経験者をスカウトして強化すべきである。

SMに限らず他フォーマットでも急速成長企業は投資のしかたが巧みである。有利な立地に広い売場面積の店を低コストで増やしてきた。社長自身がその任務に当たってきた例も少なくないのである。

■ローコストオペレーションのための作業効率指標

営業利益を高めるためにはローコストオペレーションが欠かせない。経費の中で最も高い比重を占めるのが人件費だから、Ⓔの４つの作業効率を高め、経費率を下げなければならない。労働分配率は荒利益高中に占める人件費の割合である。賃金だけでなく、教育費も福利厚生費も含まれる。それを38％以内に収めることが目標となる。

そのためには労働生産性、つまり従業者１人当たり年間荒利益高を８００万円以上にすることである。それが第１ハードルで、次は第２ハードルの１０００万円以上にすることである。

それを人時生産性、つまり従業者１人当たり１時間当たり荒利益高にすると５０００円になる。これを店段階だけで計算するときには本部やセンターの経費として２割増しし、６０００円が目安となる。

他方、従業者１人当たり売場面積もローコストオペレーションの指標である。広ければ広いほど作業効率が高いことになる。目標は１人15〜20坪である。

これら数値の業界平均は、労働分配率（各社の数値が正確に出ないので賃金分配率を１・２倍した推定値）43・３％と、５・３ポイントも超過している。労働生産性は７１７万円で不足、１人当たり売場面積は９・９坪で目標値に遠く及ばない。つまり日本のＳＭは作業効率が極端に低いのだ。

作業効率数値を高めるためには店段階の人海戦術をやめなければならない。そのためには現在店で行っている作業の改廃が必要なことはすでに述べた。決まっていないことを決めることも重要だ。先進企業は物流センターとプロセスセンターとコミッサリーの準備を始めているから、5年先に大きな差が出るはずである。

■その他の目標数値

Ⓕは客1人当たり、1回当たりの数値目標である。買上品目数は15品目以上を目指す。図表8（52ページ）は買上点数の統計だが、平均値は10点で多い企業では16点ある。15点以上の企業はすべて短期特価特売をしないEDLPの企業である。

買上額は2700円以上を目指す。1品目当たりの単価が下がっても、便利な店ならその分買上品目数が増える。店づくりの便利さと商品の有利さで勝負が決まるのだ。

Ⓖの1店当たり商圏人口は、2・5万人で成立することを目指す。SMは近所の住人（老いも若きも広い客層）の8割以上が頻繁に来店してくれる店なのだ。そのために品ぞろえは365日中の300日の日常を狙う。逆にいえば65日の非日常の品は扱わない。そこまで手を広げると商圏人口が5万人以上必要になって店数が増やせないからである。

売場面積は600坪から800坪、非食品は高頻度の消耗品だけで、大部分を食品で埋めれること。しかし商品部が弱ければ800坪は無理なので、拡張余地は残しながらもまずは600坪型を確立する。

店舗はⒽ標準化することがチェーンストアの原則である。しかし日本のSMはこの点が一番遅れている。だからモデル企業がない。

過去の実績の評価、新たな調査と実験の結果、ローコストで最良の立地条件、最適なレイアウトと店舗設備、商品構成、棚割り、後方などのありかた、そして作業マニュアルを突き詰める。こうして店と業務システムを標準化すれば、あらゆる効率数値が自然に標準化する。

標準化した店舗を200店以上、そのバックアップ業務を担うセンターを4か所以上つくることが日本のSMに課せられた任務なのである。モデルはアメリカにあるから学びなおさねばならない。

2. インダストリアリズムの導入

■日本の製造業が世界一になった原動力

日本は1600年代から約200年間にわたって鎖国していたために、欧米の先進諸国に比べて約150年間も産業革命が遅れた。だが大正時代以降、産業革命は日本の製造業の技術レベルと生産性を飛躍的に向上させた。インダストリアリズム、つまり工業化の恩恵である。

工業化の内容は第1に、エンジニアリング手法を活用して改善を進めること。事象を数値で表現し、多くの事例を比較、分析しながら合理化を進めることである。数値化されていない事象を数値に置き換えることで改善がしやすくなるのだ。

第2に、作業やものをマス化、つまり、大量にすることで処理方法を合理化することである。膨大な数量を扱うなら人手で行うより機械を使うほうが早いし均質だ。完成度も高くなる。マスにするには対象を少数に絞り込まねばならないが、だからこそ徹底できる。

第3に、あらゆる行為をスタンダーディゼーション、つまり標準化する。最良の規格や方法は1つしかないからそれを突き詰めて、キマリを決め普及させる。同時にそれを修正し続けるのである。

日本の製造業はインダストリアリズムを徹底して導入したために世界の「A級」にまで発展したのである。

欧米のチェーンストア経営システムは製造業同様に、インダストリアリズムの導入により構築されたものである。基本的な科学的アプローチは製造業と同じである。

■最新技術を導入する

ところが日本の流通業だけはいまだに我流が横行し、個人のアイデアと体験だけで経営する風潮が残っている。幹部から末端従業者までが個々の感覚や印象で「気を利かせる」ことが求められている。同じ日本の国内でも製造業では考えられない行為が要求されているのである。

日本のSMの作業は江戸時代からさほどの進化がない。根拠なく「手づくり」と「つくりたて」がよしとされ、店内の狭い作業場で10人以上がひしめきあいながら材料を洗ったり、刻んだり、煮たり、焼いたり、盛りつけたりと、人海戦術で作業が行われている。作業動線は確保されず、流れ作業でもない。

そこには最新の調理設備も衛生管理設備もなく、あるのは家庭用より大きいだけの鍋やボールなど原始的な道具だけだ。食品工場に勤務している客が見れば、あまりの後進性に驚くばかりだが、店側にその自覚がないから作業場はガラス張りで売場から見通せる。

商品も進化がない。製造業が膨大な調査研究費を投入して世界の最新技術を更新しているのに、小売業は固定化した仕入れ先か近所の零細農家の農産物を仕入れただけのものを自慢げに売場に並べる。しかし、零細農家が調査研究費をかけられるはずがないから偶然の産物にすぎず、それがいちばんよいなどと言えるはずがない。

ちなみにアメリカのSSMチェーンは農産物なら独自に世界中の種を研究して最も適したも

のを選び、最も合理的な育成方法を開発する。エンジニアリング手法を駆使するのだ。その後、マスで生産できる契約農場に苗と仕様書を提示して委託生産するのである。日本でも一部の大手フードサービスが同じ手法でバーティカルマーチャンダイジング・システムを構築している。

日本のSMはフードサービスより規模が大きいにもかかわらず、インダストリアリズムを導入していないことが問題である。

■科学的アプローチを重視する

SMは日本国民の全員が日々3回以上食べる食品を提供している。客層が広く、購買頻度が高い品種を扱うため、流通業フォーマットとして最大の客数を誇る。したがって売上高規模だけは大手だが、他フォーマットに比べてもインダストリアリズムの導入が遅れている。

しかしSM大手は店舗開発に関してはインダストリアリズム手法を使ってきた。本部の店舗開発部が、人口が自然に増加し客が来店しやすい条件の整った立地に、周辺の既存店より大型の店舗を増やしてきた。それは決して個人の感覚や印象で立地を選んだのではない。数値を根拠に決めたものだ。

各地区の人口増加率や自動車の保有率を調べ、自社の過去の事例と他社の事例から最適な道路事情を決めた。それだけで競争に勝てる広い売場面積とは何坪なのかも、比較検討した。大型店を数多くつくることで確実に売上高が増え、大手になれたのだ。

残念なのは店づくりに標準化の概念がなかったことだ。店をつくるたびに縦横の寸法が違い、レイアウトも陳列器具も科学的根拠はなく、内装業者や陳列器具メーカーのお勧めに従った。だから1店ごとに物理的条件がまちまちなのである。

店舗運営はそのまちまちな店舗の条件に従って個店対応となり、すべてが店長任せになってしまった。支店経営方式である。本部は本来の役割である「仕組みづくり」を放棄してしまったのである。

その結果、店舗運営は工業化とは程遠い、人海戦術方式になってしまったのである。

一方、商品は本部で一括仕入れをしているが、売れ筋と死に筋を突き詰める科学的なアプローチがない。バイヤーの好みとベンダーのお勧めを鵜呑みにする方式だから、死に筋だらけの売場である。さらに、たった1人でも客からの要望があれば新たな商品を品揃えに加えるという過剰サービスで、死に筋が無限に増えるのだ。

本来ならPOSデータを有効に使い、さらに試売で確かめて売れ筋と証明されてから品揃えに加えるべきである。多くの非食品フォーマットは数値を根拠に仕入れをしているのである。

SMの営業行為は数値を根拠にしていないことが多すぎる。店内に季節の造花や抽象的なスローガンを唱えたバナーなど飾りが多いのもＳＭの特徴だが、それがあるときとないときと何の数値が変化するのか聞いても、納得のいく答えが返ってきたためしがない。誰も調べていないから答えられない。

個人の狭小な知識の中から創意工夫し自発的行動を起こすことがよしとされ、客にとって、そして店にとってどんな効果があったかは検証されることがないのである。

■インダストリアリズムのキーワード

ようやく始まったＳＭの寡占化傾向の中で、勝ち残るにはインダストリアリズムの導入が欠かせない。そのキーワードは４つある。

第１に「単純化」である。ＳＭのオペレーションは複雑すぎる。これもあれもやったほうがよいと追加に追加を重ねるが、不要な作業の消去がないのだ。こうして作業は増える一方だが、従業者の数は減らされる一方である。そのため実行するかどうかの決断は店長に委任されているのである。

しかし、業務も作業も「絶対しなければならないこと」と「絶対してはいけないこと」しかないのだ。「できればする」や「したほうがよい」などというグレーゾーンは製造業ではありえないのである。もちろんチェーンストア経営にもない。

第2のキーワードは「標準化」である。とにかく決まっていないことが多すぎる。それを決めるのが本部の役割である。いちばん適切な方法は1つしかないのだから、調査と研究と実験の結果、結論を出すのは本部の担当者である。現場の役割ではない。

第3のキーワードが「マス化」だ。意味は先に述べたが、業務も作業も商品もマスになればまったく別のシステムが使えて大幅なコスト削減が可能になる。

第4のキーワードは「差別化」だ。インダストリアリズムの導入は簡単ではない。面倒だからこそこれまでSMが避けてきたのだ。しかし、面倒だからこそ徹底して完成させれば他社との差別化ができる。

インダストリアリズムを導入するプロジェクトを成功させるためにはダイナミックな組織変更が不可欠である。とくに幹部が入れ替わらねばならない。これまでの方法はすべて否定しなければならないからである。

不足の部分、とくに数値化されていない業務、作業、商品の現状を数値化するために、理系の学問や職務の経験者が必要である。中途採用やスカウトで不足の人材を補うべきである。

業務システム改革には現場を熟知している人材が必要なので、店長の中から使える人材を改革プロジェクトに召集する。経験法則の熟知と科学的思考能力が両立した人材が何人いるかが、これからの勝敗の決め手となる。ガンバリズムでは仕組みはつくれない。

他フォーマットと比較して、日本のＳＭはこれまで人材育成に熱心とは言えなかった。そのなかでも配置転換による教育とチェーンストア経営の理論勉強を継続した企業が有利なことは確かである。

3. 価格政策の見直し

■基本は継続的な低価格化

リーマンショック以降、価格の潮流は一挙に低価格化の方向に邁進した。それ以前に多かった「所得は2極分化しているから上を狙え、従って高いものを扱うべき」という論調はすっかり影を潜めていたが、２０１３年の「アベノミクス」で景気回復ムードになり、またもや高級化推進発言が浮上している。

しかし、景況に合わせて価格を上下させるなどもってのほかである。チェーンストアの経営原則は、フォーマットごと企業ごとに価格政策が決められ、それを維持することである。価格の下限と上限、そして最も選択肢が多く陳列量も多いプライスポイントは、大多数の客が買いやすい価格に設定する。それは客と店との約束事だから、変えてはならないのだ。これは「価格政策」と呼ばれる、チェーンストア経営のうえで重要な決定事項である。

価格政策は商品レベルの統一をはかりながら、商品部門、品種、品目ごとの売価をバランスよく安さが目立つように商品部長が決定する。バイヤーには商品構成グラフの形で価格政策が明示され、バイヤーはその枠内で商品を調達し、値入する。

チェーンストアは固定客で成立する。だから値段の高いものが増えれば一挙に信用を失墜し、客離れを招く。値入れをバイヤーまかせにはできないのである。

店数の増加と共に商品調達力が強化され、品質を維持、改善しながら売価が引き下げられるようになったら商品部長は価格政策を変更する。そうすることで競争力を高めるのである。

ウォルマートが小売業としてだけではなく、全産業中でトップ企業に上り詰める原動力になったのが継続的な低価格化への努力である。低価格への執着はもはやウォルマートの企業文化と言えるまでになっている。

その低価格政策は短期特価特売によるものではなく、ＥＤＬＰである。つまり毎日同じ品目を同じ低価格で売り続けるのだ。その間にソーシングを進め、半年か1年後にはさらに売価を引下げる。ウォルマートが20世紀末に開発した新たな業態である。

■EDLPに対する誤解

日本では日替わり特売のことをEDLPだと思っている人がいまだに多い。品目も売価も異なるが、数品目に平常日にない特価を付けることで毎日低価格＝EDLPと思い込んでいるようだが、それは間違っている。このような短期特価特売のあと、価格を元に戻す売り方を「ハイ&ロー」と呼ぶのだ。

EDLPとは同じ売れ筋品目を、毎日同じ低価格で長期にわたり販売し続けることである。長期とは普通四半期から半年である。だからESLP（Everyday Same Low Price）と言い換える場合がある。いつも同じ低価格だからである。

そうすれば客は限定された特売日や時間帯に制約されず、いつでも自分の都合のよい曜日と時間帯に買い物ができる。リピート客になりやすいのだ。

店にとっては特売の準備と後片付け作業がなくなり、店内作業が単純化できる。その結果、作業割り当てと稼働計画が立てやすくなる。また客数が平均化するから販売数量予測が正確になり、安定した経営効率を実現できる。

さらにチラシ広告の配布頻度が激減する。その分のコストは低価格化に回せる。また、たまに出すチラシ広告は季節品とシーゾナルのアピールになるから注目度が高くなり、企業イメージが向上する。

そのため今日ではアメリカの多くの高来店頻度フォーマットのチェーンストアがＥＤＬＰを採用しているのである。

徹底の度合いはフォーマットと企業ごとに異なる。例えばウォルマートなら基本的にすべての商品がＥＤＬＰである。新聞折込みチラシの発行頻度は競争の発生状況でエリアごとに異なるが、内容はＥＤＬＰをアピールする。チラシを発行しないエリアでは月初めに店頭配布の広告を発行するが、それは季節のニーズと新たにＥＤＬＰに加わった商品の紹介に充てられる。

■EDLPの効果

ウォルマートのＥＤＬＰ作戦は、この20年間で他フォーマットにまで波及した。その効果は、①リピート客の誘致、②来店頻度の向上、③買上品目点数の増加、④競争力の拡大などである。

実は日本のＳＭ企業の中でもＥＤＬＰを採用している企業が大手と中規模に数社存在する。いずれもリピート客が頻繁に買い物に訪れる人気店である。他社が毎週2回以上もチラシ広告を出している中で、チラシをまかなくても確実に客が来店してくれる。これらの店舗は特に平日の客数が多いことが特徴である。開店から閉店まで客がまんべんなく来店する。しかも買上点数も多い。

多くなるのは購買頻度の高い必需品がＥＤＬＰの対象だからである。客は来店のたびに買うものがほぼ決っている。その品目を追いかけて売場を回るのだが、その途中で季節の必需品を発見して手に取り、他社と較べてそれほど安くない商品でもついでに買ってくれるのである。その結果、買い上げ点数が増えるのだ。

ハイ＆ローの特価特売常習店では客は本当にお買い得な商品しか買わない。他の商品は次の特売日に値下がりするかもしれないので、今買ってしまうと損をするかもしれないからである。そこで買上点数が7〜8点と、平均より低くなるのである。

ＥＤＬＰの対象商品は客層が広く購買頻度が高い必需品でなければならない。そこで競争価格を打ち出し、しかも毎日同じ低価格だから、客が目的買いをすることになる。いつも必要な商品がお買い得だから来店頻度が増えることになるのである。

逆に客層限定品や低購買頻度品がＥＤＬＰであっても、もともとそれを必要とする客数が少ないから影響力は低いのだ。売れ筋の人気商品が安いことこそが重要である。

次にＥＤＬＰ商品は全商品部門にあることが望ましい。一部の商品部門だけしかそれがないと商品レベルが不統一になり、せっかくＥＤＬＰ商品を目当てに来店してくれた客の寄り付き部門が限られ、買上点数が増えないからである。

ＥＤＬＰ作戦で扱い品目数の5％をマスアイテムに育てることが目標である。マスアイテムとは1店1日100個以上売れる品目である。1万品目を扱っているなら500品目を目標とする。その中から超マス・アイテム、つまり客数の1割が買う品目、1日の平均客数が2500人なら250個売れる超売れ筋商品が育つと、競争の中で突出することができるのだ。

日本の企業は売上高ばかり気にしているが、それは結果に過ぎない。客が買うのは商品なのだから、いかにしてマスアイテムを育てるか、その手段が問題である。

■安く売るための仕組みづくり

マスアイテムを育成するEDLPを継続するには、対象商品を欠品なく供給する対策がいる。売れ筋商品は引く手あまたでマーケットでは取り合いになるから、大量の調達には独自のルート開発が欠かせないのだ。

さらなる競争価格を実現するには、低価格で商品を調達できる特別仕入れルートの開発が不可欠だ。EDLPは仕入れ技術の研鑽の上に成り立つものなのである。

これまでの仕入れ先に、「安売りするからまけろ」と言っても安くならない。仕入れ先にしてみれば一時的な特売ならその損失を他の商品に上乗せできるだろうが、継続となるとそうはいかない。

流通ルートを遡り、できるだけ製品製造段階に近づけば仕入れ値は安くなる。年間契約で大量に調達するならできるはずである。

もともと日本の小売値はチェーンストアが発達している欧米に比べて高すぎる。ＦＯＢ（工場出荷価格に近い）の10倍以上が普通なのだ。しかしチェーンストア先進国なら価格はＦＯＢの３・５～４倍である。だから日本の物価は欧米と較べ２～３倍と高くなるのだ。

その原因は、日本では製造業が見込み生産で製品を製造するためである。材料製造から複数ある各加工段階の製造業が見込み生産し、その製品は各加工段階に介在する問屋卸売業の手に渡る。そして次の製造段階に販売されるつど所有権が変わり、利益が付加される。さらに製品化された後で小売業の手に渡るまでに何段階もの問屋卸売業の手を経ることになる。もちろん途中で廃棄される死に筋在庫分のコストも付加されるのだ。だから自然に値段が高くなるのである。

ところがチェーンストア産業が根付いている欧米の先進国では、チェーンストアが製造段階をプロデュースする。客のニーズから商品を企画し、それに適した材料を探し出し、材料段階から所有権を持ち、各加工段階は適切な工場に生産を委託する。加工が終わったものはすべてチェーンが引き取る。そのため各加工段階にも完成品にも問屋卸売業が介在する余地がない。

各加工段階の工場には所有権が移らず加工賃が支払われる委託加工方式だから、たとえ加工段階が多くても独自のＰＢを日本の２分の１以下の低価格で販売できるのである。

図表15　EDLPの目安

条件❶売価が低いので荒利益率が高くないと成立しない
❷NBは他社と比べてより低くしなければならないので、仕入値を下げる努力をしても荒利益率を下げざるを得ない場合があるが、そのぶんをSBとPBでカバーする
❸コモディティグッズの安売りで営業利益がマイナスになりやすいので、扱い品目を限定する

種類	比較価格	荒利益率（%）
㋑ ナショナルブランド(NB)	3割引き以上	慣行利幅：5〜10
㋺ ストアブランド(SB)	半額	現　行：＋5〜10
㋩ プライベートブランド(PB)	類似品の1/3〜1/4	現　行：＋10〜15
㋥ コモディティ・グッズ	—	食品現行：＋8〜12　非食品現行：＋12〜18

これがチェーンストアのバーティカルマーチャンダイジング・システムである。

他にもEDLP実現にはNB商品の年間大量取引契約による仕入れ価格の引き下げが必要である。

図表15はEDLPが目標とする売価と荒利益率である。売価を下げながら荒利益高は適切に確保する。そのためにはバーティカルマーチャンダイジングの仕組み構築がいる。

■EDLPへの転換手順

先に述べた通り、ウォルマートを初めとする多くのチェーンストアがEDLPを採用している。それは突然始めたのではなく、段階的に進めてきたのである。

日本でもEDLP企業が徐々に増え始め、それらの企業の大半は好業績である。そこで新たにEDLPを採用する企業が増えている。大手も準備を始めているのである。

すでにPBとSBを持っているならば、それだけはただち

にＥＤＬＰにすべきである。荒利益率が高いから可能なはずである。また、特売日でもＰＢとＳＢはそれ以上の値下げはしない。毎日同じ価格を貫けば、客に継続購買の習慣ができるはずである。

ほかに販売数量の多い品目を調べ、その品目の新たな仕入れ先を探す。まずは知名度の低いＬＢを探す。知名度の高いＮＢは安く仕入れられなくても、ＬＢなら交渉の余地がある。中規模でもＥＤＬＰを採用している日本の企業は、すべてこの方式を取っている。ＳＢ・ＰＢがなくてもＥＤＬＰは始められるのだ。

それとは別にＮＢ対策が必要だ。ＮＢは1品目大量取引をすることで調達価格を下げられる。そのためにはＮＢの品目を限定する。ＮＢだからと何でも扱うと数量が分散するから、１品大量にはならず、従って原価が下げられない。

地域ごとのマーケットシェアによっては拡大を目指すＮＢから有利な取引条件を引き出すことができるから、選別がいるのだ。

もうひとつコモディティグッズ、つまりトイレットペーパーやごみ袋や洗剤など、大衆品だがどのメーカーのものでも品質にも価格にも大差がない成熟商品グループは、最も有利な取引条件のブランドだけに限定して扱う。１用途1品目だけにしてＥＤＬＰで販売する。

アメリカのチェーンはコモディティグッズをＳＢ化し、それのみを扱うか価格比較の対象としてもう1品目NBを扱うか、どちらかである。3品目以上は扱わない。そうしないとEDLPにできないからである。

EDLP化への潮流に逆らって売価引き下げの努力をせずに、付加価値を付けた商品を増やす、商品以外に情報を提供する、おもてなしや接客を強化する、などの既存の商品を客になんとか売りつけようというあの手この手は通用しなくなるのである。

EDLPこそ競争に勝つための最強の武器である。

4. 売価と品質についての考え方

■目指すべきはバリューの向上

古いことわざに「安物買いの銭失い」というのがある。これは安いものは悪い、高いものは良いという前提だ。産業革命以前、自然界で取れるものだけを手作業で栽培、収穫、捕獲、生産していた時代は確かにことわざ通りだったはずだが、科学が進歩した今日では必ずしもこの原則は当てはまらない。便利な化学素材が生まれ、機械が均質な製品を生み出すようになって、安くて良いものが作れるようになったからだ。

ものの価値は売価と品質のどちらかだけを取り上げても評価できない。売価と品質のつり合いで価値が評価されるのである。それが商品のバリューである。従って同じ品質なら売価が低い方がバリューは高くなる。品質の変更は時間をかけて十分に検討しなければならないが、売価の引き下げは仕入れ先を変更することで比較的短時間にできる。売価の引き下げだけで商品のバリューが向上するので、まず売価引き下げが努力テーマとなるのだ。

消費者の立場からすれば売価は低いに越したことはない。この点、国際相場からいえば日本の消費物価はまだまだ高すぎる。アメリカなどチェーンストア産業が成熟した文明国と比較すると、非食品なら2倍ほど、食品なら3倍のものも少なくない。それだけ日本の消費者は高いものを買わされていることになる。

中間業者が数段階介入する複雑な流通ルートが、日本の小売業の仕入れ価格を押し上げているからだ。小売業側は独自の商品開発で流通経路を単純化し、仕入れ価格を抑えようと努力しているが、影響は一部分に留まっている。ストアブランドが増えてもナショナルブランドメーカーの製品に小売業のブランドを付けただけのダブルチョップが多いこともある。

すでに述べた通り日本のSMは死に筋品目を膨大に抱えている。それゆえに売れ筋商品がはっきりせず、数量がまとまらないため調達価格が下げられず低価格販売ができないでいることも問題である。同時に、販売経費を引き下げなければ低価格販売は実現しないのである。

別の問題として、日本の食品は原材料の生産体制が貧弱である。小規模生産者に依存しているため、仕入れ価格が安くならない。原材料の値段が高いから製品が安くできないという根本問題を抱えている。

アメリカのように農産や畜産の大規模農場化が進めば生産効率が向上し、原価が安くなる。日本のチェーンストアが主導して原材料の生産をマス化し、大量生産の仕組みを構築することで生産コストを引き下げ、低価格販売ができるようにする。それが我々の使命である。

チェーンストアが目指すバリューは「安くて良い」ものでなければならないのである。

■品質は用途で決まる

日本でもようやく大手小売業が、生産から販売までをプロデュースする本格的なバーティカルマーチャンダイジングの仕組みづくりに取り組み始めている。農産物の生産とコールドチェーン化に力を入れはじめ、漁港での下処理済み水産物の直接大量取引を開始し始めている。ちなみに畜産については1960年代から日本型スーパーストアの大手が肉牛の飼育を継続して行っている。

拍車をかけたのが2011年3月11日の大震災による原発事故である。放射能フリーの原材料を調達するためには独自の生産と調達のルートを築かねばならなくなったのである。

パーティカルマーチャンダイジング・システムは売価引き下げだけでなく、適切な品質を創造するために欠かせない仕組みである。

チェーンストアでは作る立場の都合からの品質ではなく、買う・使う立場から適切な品質が突き詰められなければならない。従ってメーカーや生産者任せにはできず、独自にプロデュースする必要があるのだ。

適切な品質は用途で決まる。例えば日本のＳＭが良い品質と考えるトマトは、最近の傾向では糖度の高いものである。従って果物でもないのに売場で糖度表示がしてあるくらいだ。

一方、サイゼリヤはトマトを自社農場で水耕栽培しているが、そこで作られるトマトは甘くない。適度な酸味としっかりした食感とゼリー部分の少ない品種を研究開発し、独自の製法で生産しているのである。サラダ用としてレタスやルッコラと混ぜ合わせ、特製レッシングをかけて食べるのに最適な味と香りと食感を突き詰めた結果である。

自社農場でそれらを生産するのは日本で適切なトマトが調達できないからである。生産者が市場で高い値段で取引されることを望み、甘いトマトの生産を優先させたからである。その結果、ＳＭの売場は甘くて値段の高いトマトに占領される結果になった。

作る立場、売る立場で品質が決められたもので、消費者が望んだものではないため、それらの甘く値段の高いトマトは死に筋になり、青果部門の荒利益率を引き下げているのである。

ちなみにアメリカのＳＳＭには味と酸味と香りと食感と色の異なる様々な品種のトマトが並んでいる。トマトは生食用だけでなく多くの料理に使うため、品質のバラエティが必要だからである。しかし甘さを強調したトマトはない。

品質は客の用途で決められるものである。それを無視して作る立場、売る立場の都合で品質を決めても消費者のニーズと合わず、仕入れや商品管理の努力が無駄になるだけなのだ。

■食品の品質7原則

食品の品質には７つの絶対原則がある。ＳＭはこの７つの原則を最優先に解決しなければならない。

第１に、衛生的であることだ。当たり前だが本当に守られているのか、誰かが注意したり、気をきかせたり、工夫したりしてようやく事故なくやり過ごしているのではないだろうか。魚や肉のプリパッケージ作業や総菜などの店内加工をしているＳＭならどこも問題である。食品工場のような徹底した衛生管理ができているとは考えにくいからだ。

店の加工場で作業する作業員が完成品の売場への補充も担当し、加工場と売場を消毒手続きなしに何度も行き来している様子を見るたびに疑問に思えるのだ。生鮮食品に直接触れる加工は、衛生管理が徹底したプロセスセンターやコミッサリーで行うべきである。

第2に、健康的であることだ。45歳以上の人口が5割を超えた日本の現状では、成人病にかからないために①低カロリー、②低脂肪、③減塩、④低悪玉コレステロールが重要な品質の要素となる。これらはナチュラルやオーガニックより重要である。

なぜならこれら4つは高血圧や心臓病や糖尿病などの成人病の原因として因果がはっきりしているからである。一方、ナチュラルやオーガニックの効果は明確とはいえない。従ってSMで提供する食品は健康的であることを心がけねばならない。

第3に、味覚は「飽きないおいしさ」を目指す。SMが提供する商品は人口の8割の普通の消費者が、1年365日のうち300日の日常用として頻繁に購入するものである。だから、ごちそうではない。頻繁に食べても飽きずに、また食べたくなるものでなければならないのである。

第4に、生鮮食品は新鮮であることも品質の条件である。前述したように収穫直後からのコールドチェーン化システム構築が不可欠である。どこで取れようと、収穫直後の急速冷却とそのあと客の手に渡るまでの定温管理の徹底が味の決め手となるのである。

生鮮食品のグロサリー化を進めることで定温管理はしやすくなるし、長期保存が可能になり補充頻度は減ることになる。

第5に、簡便性もよい品質の構成要素である。特に働く女性の増加、単身世帯の急増、人口の高齢化につれてますます重要である。この点で日本のＳＭはコンビニエンスストアに負けていることが問題である。レディー・トゥ・クックとレディー・トゥ・ヒートとレディー・トゥ・イートの商品を開発しなければならない。

第６に、カロリーや塩分、脂肪分などの栄養価の表示を、一定のフォームで全商品につけることが理想である。アメリカのＳＭはこれを１９８０年代に独自の努力で進め、連邦政府を動かし、製造段階で表示されるように誘導した。栄養価表示は健康的であることを求める消費者にとって購買決定の重要な情報である。アメリカでできたのだから日本でもできるはずである。

第７に、①オープンデイティング、②製造年月日、③ユニットプライシングが正確に表示されること。これらも品選びと購買決定の情報として欠かせない。法律上義務付けがなくても、客にとっては必要な情報に違いないのである。

以上食品の品質の７原則は、ＳＭ企業が独自にでも品質基準をもうけ、維持することで客の信用を確実なものにする。そのためにはバーティカルマーチャンダイジング・システム構築が急がれる。

5. 競合対策

■本格化するSMの淘汰

前述の通り日本のSMはオーバーストアである。ビッグストアのSM企業は日本に392社あり、その合計店数は1万2900店となる。

このほかに実態がSMと同じ51生協、合計978店がある。加えて食品部門を持つ日本型スーパーストアが17社、合計2077店存在することも忘れてはならない。

一方では他フォーマットからの食品売上高の侵略がある。コンビニエンスストア、ドラッグストア、ホームセンターなどが食品売場の面積を増やし、売れ筋ベーシックアイテムだけをラインロビングしている。

SMの必要商圏人口は2万5000人である。すでにその半分以下しかないのだ。そのため平均1坪当たり売上高は1985年のピークから31％減少している。

だからといってSMの店数増加がストップするわけではない。大手と収益性の高い中規模のSM企業は、今後も店数を増やすだろう。立地が確保しにくいのは確かだが、面倒だからこそ企業間の出店技術格差が顕わになる。その難関を突破すれば競争に勝てる。

しかも日本には標準化された本格的なチェーンシステムによるＳＳＭ、つまりスーパーストア化した売場面積７００坪以上の収益性の高いまともなＳＳＭチェーンがまだない。アメリカでは食品フォーマットとして主流になっているものが日本では完成していないのだから、それをめざした企業がシステムの完成度を高めてゆくはずである。

そうなるとまず、年商50億円未満の弱小ＳＭが淘汰される。とくに売場面積３００坪未満が不利である。５００坪以上のＳＭと比較して不足品種があるし、売れ筋の欠品が発生しやすい。企業規模が小さいと1品大量にならず調達価格が下げられないから、価格設定の点で不利なことは致命的だ。企業規模が50億円以上あっても不利な条件は同じである。

次にショッピングセンター（ＳＣ）に入居していないフリースタンディングの店舗も不利である。駐車場の出入りが便利ならしばらくは持ちこたえられるかもしれないが、いずれにしろ時間の問題だ。

したがってＳＭの企業数は２０２０年までに激減するはずであるが、これはアメリカのＳＭチェーンが１９６０年代に通ってきた道である。

大手による寡占化はまだ進んでいないが、これから一挙に進むことを覚悟し、競争に生き残るための手を打たねばならない。大手も中小も、もはや一刻の猶予もないと覚悟すべきだ。

■急ぐべき不採算部門の改革

ＳＭに限らず日本の小売業は業績が悪化するとすぐに始めることが３つある。最初が「特売の多発」である。広告費もかける。２つめが「接客強化」で、その実態は押し売りをすることだ。３つめが「品揃えに高額品を増やす」ことである。

これら３つの対策の共通条件は「すぐにできる」ことである。しかし当事者が手をこまねいているのではなく対策を打っているという満足感があるだけで、数値をよくするという本来の目的は達成できない。

まず特売をすると荒利益率が下がるから、数多く売れても荒利益高は大して増えない。それ以上に人件費がかかるから営業利益はマイナスになる。さらに頻繁な特売は客の店への価格ロイヤルティを失墜させ、特売日にしか来店してもらえなくなることが問題だ。

２つめの押し売りも人件費のほうが高くなる。それ以前に客にとってはセルフサービスがベストサービスで、押し売り目当ての接客などしてもらいたくないから、これも客の店へのロイヤルティ・レベルを下げる。

３つめの高いものの導入については、仕入れるのは簡単だから一挙に品目が増えるが売れない。高いものが簡単に売れるはずがないのである。

数値向上のための正当な対策は、①応急処置と②制度対策に分けられる。まずは応急処置に手を付けるが、成功の決め手は最悪のところから手を付けることである。やりやすいことから始める場合が多いのだが、それでは時間がかかりすぎて競争に負ける。

まず赤字店を整理する。経費を正確に計算し、もちろん本部費も賦課して、赤字店を明確にすることから始める。企業によっては総店数の5割が赤字というひどい例もあるが、開店後13カ月たっていない新店以外、赤字店ゼロの企業もある。それは黒字転換が不可能とわかった時点でスクラップしているからである。

店舗開発部の出店ミスで予想どおりの客数が確保できないなら閉店するしかないのに、多くの企業は店長に何とかしろと言う。しかし、もともと物理的条件が不利なのに、精神論が通用するはずがないのだ。赤字店の閉店ができるかどうかが企業発展の試金石となる。

そのつど手術が行われれば当然に、出店時の条件設定が確実になり、出店ミスが減ることになる。

次が赤字部門の整理である。部門ごとのコストを正確に計算し、損益を明確にする。とくに人件費を正確に計測、算出して賦課することがポイントである。

部門として赤字なら品種グループ別に数値を細分化して出し直す。そうすればどの部分が赤字の元凶かわかるはずだ。原因さえわかれば対策の選択肢はそれほど多くない。

日本のSMの場合、売上高不足が原因となる例は少ない。いちばん多い原因は経費、とくに人件費の使いすぎで赤字になることだ。社員をパート従業者に入れ替えても人時数が多ければ大した節約になるはずがないので、店で行っている作業を「止める」対策が不可欠である。

赤字の原因として次に多いのが原資となる荒利益高の不足である。売上高は不足していないので原因は荒利益率の低下である。品種グループ別に調べれば極端に荒利益率が低い品群があるはずだ。応急処置はその品目の集約と売場面積の縮小、一方ではもっと有利な取引先を捜す。そして取引先と取引方法を変更する。それで黒字化できるはずである。

赤字店と赤字部門を放置しては競争に勝てないのである。

■売れなくても儲かる体質へ

次に存続させる店舗の業態を見直す。店舗前の道路の交通量が増えることはよいことだが、そのために自社店舗の敷地に入りにくくなっていないだろうか。クルマの出入口の位置変更や速度を落とすための導入車線の設置など、人口の高齢化も進んでいることからこれまでになかった対策が必要かもしれない。

さらに駐車台数の多さより、駐車のしやすさを優先しなければならない。そのためには駐車場内の車道の拡幅、駐車スペースの拡大が必要だ。ＳＭでの滞店時間は非食品フォーマットより短いので、現状の使用状況を調べ、駐車台数を減らしても駐車しやすい環境をつくることが優先である。

店内はレイアウトが問題である。動線調査で客が主通路を満遍なく通っているか調べることだ。実際に調べてみると一部しか回っていない例が多いのだが、それでは広い店舗に数多い品目を品揃えしている意味がない。客の店内回遊を妨げる障害を排除して、入店客の8割以上が全主通路を歩くようにレイアウトを変更し、商品で誘導するのだ。

次に集積効果を調べる。自社の客数は便利な他社との組み合わせで増やすことができるからだ。フリースタンディングもSC出店も、どのフォーマットや企業との組み合わせが自社にとって有利なのか突き詰める。

そして、不利ならば移転を考える。とくにフリースタンディングはSC出店に乗り換えねばならない。直接の競争相手と比べて業態が便利でないと、何を売っても最初から不利だからだ。自社開発のSCなら強力なサブテナントを誘致する。

以上は店舗開発部が担当するが、次は店舗運営部の改革テーマである。

前述した通り、とにかく日本のSMは店段階の作業種類が多すぎる。したがって止める作業を決めることが先である。これなしでマテハン（物流関連の効率化）の改善をしても作業人時数は1割減るかどうかである。その程度では業績の回復は望めないし、競争に勝てるはずがないのである。

店舗段階の作業は、本部からの追加命令で増える一方だ。作業を増やすなら代わりに何かを減らさなければならないのに、それをしてこなかったから収拾がつかない状態になっている。義務付けられた作業種類を書き出して半減するくらいの大幅な改革が必要と覚悟して欲しい。

とくに問題なのは商品加工作業だが、センターへの作業移管は閉店した不採算店の跡地を利用してもできるのだ。

陳列のための仕分け、陳列準備作業、発注量決定もセンターで専任者が最新の機器を使って一挙に作業を進めるべきだ。このほうが店ごとにそのつど技術レベルの異なる人が別々に作業するよりも、短時間でできるだけでなく完成度の高い作業が可能なのだ。

店で作業しないと品質が悪化すると考えるのは、コールドチェーン・システムなど最新のテクノロジーについて知らな過ぎることが原因だ。

これらの改革が実行できれば競争に勝ち残ることができる。極限まで肉体的にがんばっても儲からない、努力が無駄になる店舗運営方式から、売れなくても自然に儲かる店に体質改善しなければならないのだ。

突破口は新たな技術を持った人材の登用である。製造業の知識を持った人が改革に加われば世界が変わるはずである。彼らに精神論は通用しない。

6. 赤字店対策

■責任の所在

多くのＳＭ企業で収益が悪化しているのは、赤字店を持っているからである。すべての店が悪いわけではない。

赤字店についてはそのつど反省が必要である。赤字になる原因は一つではなく、原因によって対策が異なるからである。

もっと大事なことは2度と同じ間違いをしないための仕組みをつくることである。応急処置だけで終わらせてはならないのだ。

最近増えているのが開店当初から客数が自社平均以下で、その後も増えない店である。①商圏人口の不足、②不便な道路事情、③商圏内に強力な競争相手がある、④自社競合などで、初めから不利な条件なのに出店してしまったケースである。

つまり「出店ミス」だ。これは店舗開発だけの責任である。

ところが多くの場合、責任が店長に転嫁される。売上高が想定通りに得られないのは店長が売る努力をしないから悪い、ということになる。しかし、店ができてしまってから努力しても遅いのだ。売る努力をすればかえって人件費や販促費がコスト高になって、ますます営業利益を減らすことになる。

売上高は客数×客単価で算出されるが、客数は立地の選び方と店づくりの条件で決まる。客単価は商品部の問題だが、これはどの店も条件は同じである。だから、売上高は店長の責任ではなく、客数を決定づける店舗開発の責任なのである。どこで予測を誤ったのか、どこで妥協したことが致命傷になったのか、反省すべきである。それをしないで店長に責任を押し付けるから、また同じような出店ミスをすることになるのである。

しかし、予想外に客数が少なく売上高不足だったとしても、だから赤字でもしかたがないということにはならない。売上高を上げようと人件費をかけるから赤字になるのであって、低い売上高に見合った低い経費にコントロールすれば黒字にできるのだ。これは店長が所属するオペレーションラインの問題である。

低い売上高から生まれる荒利益高は当然に低いが、その8割で経費を賄えば残りの2割を営業利益として確保できるから赤字になることはない。

さらに売上高が低くとも、商品調達力や開発力で荒利益率を高めることができる。そうすれば利益の源泉となる荒利益高が増える。それは商品部、つまりクリエイティブラインの責任である。

出店ミスとコストコントロールの無策、そして商品対策の遅延、いずれも問題である。それぞれ自身が分担する責任を果たしていないことが原因なのだ。

■来店の便利さが人気の源泉

店が赤字の場合、日本では赤字を解消するために売上高を高めようと努力する。しかし力を入れれば入れるほど本部と店の両方で人件費がかかる。肝心の売上高は、投入したコストほどは高められないものである。

ところがそのつどコスト計算をしない企業が多いので、少しでも売上高が上がれば努力が報われたと満足する。そして決算時になってから初めて、営業利益が減少していることに気づくのである。

一方、店舗を改装することで売上高を高めようとする例も多い。確かに改装直後は客数が増えるが、3カ月ほどで元に戻るから単発的な効果しか期待できない。壁や床がきれいになっただけで便利さは変わらないからである。

売上高を高めるためには客数の増加か客単価の増加、またはその両方が必要である。そのために、まずは店の業態がより便利にならねばならない。客が来店しやすい物理的条件を整えるほうが、商品やサービスを向上することより先に客数を増やす効果があるからだ。店に対する客の人気がそれで決まるのである。

店の外装や内装を新しく〝改装〟するのは簡単だ。しかし、店の機能をもっと便利に〝改造〟するには周辺の用地買収や拡張工事に数倍のコストがかかる。それでも可能なら良いが、さまざまな事情で拡張できない場合が多いのが現実だ。だから移転対策、つまりスクラップ&ビルド対策が必要になる。同時に今後の競争対策を考えればフリースタンディングではなく、SC出店が不可欠だ。

改造するなら駐車台数を増やすだけでなく、駐車場の車動線を単純にして道路幅を拡幅する。店内のレイアウトをシンプルにして曲がり角を少なくし、ストレスなしに気軽に来店できるようにする。

この業態改革を推進するには設備投資が必要だ。小手先で売上高を増やすなど不可能なのである。

■補助部門はコンセッショナリーの活用も

次に赤字部門が問題になる。黒字店にも赤字部門があり、それが原因で黒字幅が狭まる。だから赤字部門を容認してはならないのである。

日本のSMの場合、主力商品部門である生鮮3品が赤字の店が増えていることは先に述べた。農産物と鮮魚と肉部門はSMの稼ぎ頭でなければならないのに、売れてはいるが稼いではいないことが多いのである。

農産物部門の赤字化の原因は、荒利益率の低下である。多品目少量化で仕入れが分散し原価が上昇したこと、そして安売りの目玉商品に使われるからである。そのために売場のフレッシュなイメージが損なわれた。

一方、鮮魚部門は売場販売効率は店全体の平均値の2～3倍あり、荒利益率も全店平均に近いのに、作業人時数がかかりすぎて赤字になる。

肉部門はセンターでプリパッケージを実施していれば大幅な黒字だが、その作業を店で行うと赤字になる。または加工肉の比率が高い店は黒字になり、精肉の比率が高い店は赤字になるのだ。

荒利益率の低下か作業人時数の増加か、原因は異なるが主力商品部門を黒字にしない限り、SMの業績は回復しない。主力部門が補助部門をカバーすることはありうるが、主力部門の大幅な赤字を補助部門がカバーできるはずがないのである。

赤字を解消するために、補助部門なら直営をやめて利益を出せる品ぞろえ能力があるサプライヤーや小売他社を、コンセッショナリー（売場貸し）かラックジョバー（棚貸し）として入居させる手段がある。しかし、それは主力部門には使えない。主力は直営でなければ競争に勝てないのだ。

アメリカのＳＳＭは、商品部が主力部門に集中できるように補助部門の非食品売場の多くがこの売場か棚貸し方式をとり、その品種グループに強いベンダーが品ぞろえと商品管理を行っている。それだけでチェーン化している専門企業があるから、多くのＳＳＭチェーンがこの方式を活用していることがわかる。

小売業がコンセとしてＳＳＭに入居する例も増えている。文具の売場にオフィスサプライの大チェーン、ペットの売場に専業の中チェーンが入居している例がある。

自社直営では赤字になっても、商品力のあるサプライヤーや小売チェーンなら利益が出せるから、テナント収入を得たほうが有利である。

日本でもＳＭ企業の９割の非食品売場が赤字である。そこに１００円ショップの企業がコンセとして入居する例が出てきたので、成果を期待したい。

話を元に戻して、特に主力商品部門は黒字でなければならない。ところが、主力だから採算を度外視しても安売りして集客効果を高めようとする傾向がある。それではますます収益性が悪化する。

これらの主力部門が赤字になる原因ははっきりしているのだから、早急にその原因を取り除くことで黒字化を進めるべきである。

■赤字店のスクラップが決め手

黒字化の一番効果的な対策は、特売ではなくＥＤＬＰによる売価の引き下げである。客数が増えると同時に買上品目数も増える。

業績悪化傾向にあるＳＭ業界の中で、営業利益率４％以上を確保している優良企業の多くがＥＤＬＰ企業であることからも、この原則の有効性は証明されている。

ただし、これを実行するには準備がいる。より安く商品調達できる取引先の開拓が必要だ。調達価格をそのままにして売価を下げると、荒利益率が減って販売管理費を賄えなくなるからだ。もちろん独自の商品開発も必要だ。これがあれば安売りしながら荒利益率が適切に確保できるのである。

一方でローコストオペレーション・システムの確立が不可欠である。安売りするためには、荒利益率が低くても利益を出せるようにオペレーション体制を整えておかなければならない。この点でもＥＤＬＰが前提になる。

これらの準備には2～3年かかるだろう。それまで赤字店を維持すれば赤字は累積し、企業の先行きに影響を及ぼすことになる。従って違約金など閉店にコストがかかったとしても、赤字店はすぐスクラップすべきなのだ。一時的な損失は累積する赤字より低いはずである。

何より赤字店の従業者がむだな努力をし続けることを避けなければならない。

赤字の原因は①出店ミス、②人海戦術による原始的なハイ・コスト店舗運営、③固定化したサプライヤーからの機械的な商品調達による慢性的な荒利益高不足である。

これらを解決すれば赤字がなくなり、収益性は向上するのである。

7. 熟年&働く女性対策

■シニアへのシフトではなく客層拡大

２０１０年に、日本の人口に占める45歳以上の割合が５割を超えた。20年後の30年にはそれが６割に達する見込みである。図表16でわかる通り、人口の高齢化が進んでいるのだ。11年には60歳以上の年間支出額が１００兆円を突破し、それは個人消費額の44％を占める。

こうなることは数十年前からわかっていたことだが、日本の商業者は「熟年はモノを買わないから若者と30代ファミリーをねらえ」と、減る一方の若年世代にマーケティングの的を絞ってきた。

ところが最も人口が多い団塊の世代が本格的にリタイアを迎える今、現実に目を向けざるをえなくなった。ようやく日本の流通業界でも「シニア」が注目されるようになったのだ。

しかし、その中身が見当違いなことが問題だ。日本ではなぜだかシニア＝老人となってしまうのだ。

したがって今、流行りの「シニアシフト」対策は、①歩行がおぼつかない老人向けにエスカレーターの速度を遅くする。②老人は少ししか買わないからと、もともと小さいカートをさらに小型化する。③広い売場は歩けないから小型店をつくる。さらに、④一定の年齢以上の客にポイントの特典を与える、というものだ。これらはすべて老人以外の熟年や若年層にはかえって迷惑または差別になる対策である。

一方、品揃えでは、⑤歯が悪くても食べられる柔らかい総菜を増やし、⑥それを少量の個食とし、⑦大人用紙おむつなど介護用品を増やす。しかし、これらは客層限定品だから少量販売になりやすくコスト高で、力を入れれば入れるほど企業全体の生産性を引き下げることになり兼ねない。

今日、最も人口が多い60～64歳は１０００万人を超す一大勢力である（図表16）。しかし、老人ではない。まだ仕事をしている人も多いし、大半は元気な熟年である。２０３０年には55～59歳が最大の勢力になるので、今も近未来も熟年が消費をリードする立場にあることは変わりはない。

最も人口が多い熟年に重点を置きながら、若年層にも高齢者にも便利な店づくりと品揃えが

図表16　年齢グループ別の将来推計人口（実数と%）

	年齢	2010年	2020年	2030年	2040年
実数（万人）	総数	12,805	12,410	11,661	10,727
	0〜14才	1,683	1,456	1,203	1,073
	15〜19才	609	557	494	393
	20〜24才	652	601	534	441
	25〜29才	739	620	574	511
	30〜34才	842	654	610	543
	35〜39才	986	732	618	573
	40〜44才	880	829	646	603
	45〜49才	809	969	720	608
	50〜54才	770	860	811	633
	55〜59才	872	782	939	699
	60〜64才	1,011	733	823	778
	65才以上	2,948	3,612	3,684	3,867
構成比（%）	0〜14才	13	12	10	10
	15〜19才	5	4	4	4
	20〜24才	5	5	5	4
	25〜29才	6	5	5	5
	30〜34才	6	5	5	5
	35〜39才	8	6	5	5
	40〜44才	7	7	6	6
	45〜49才	6	8	6	6
	50〜54才	6	7	7	6
	55〜59才	7	6	8	6
	60〜64才	8	6	7	7
	65才以上	23	29	32	36
	45才以上	50	56	60	61
従属人口比率（%）	65才以上/20〜64才	40	53	70	72
	19才以下+65才以上/20〜64才	69	83	86	99

団塊世代
1947〜1949年
生まれ800万人

資料:「日本の将来推計人口」─出生中位（死亡中位）推計（国立社会保障・人口問題研究所、2012年1月推計）

求められるのだ。それは「客層拡大」であって「シフト」ではないのである。

■おいしいものを食べて健康を維持

食品を扱うSMにとって熟年対策はとくに重要である。彼らにとっての最大関心事は「健康」だからである。健康管理は食品の選び方、摂取の仕方で成否が決まる。既存の商品を少量化することより健康によい食品を提供するほうが重要である。さらに若いころから気を付けるに越したことはないから、健康管理はあらゆる客層に共通の関心事である。

SMは健康的な食品を提供しなければならないのだ。それは生産者の顔が見えることより、また無添加やオーガニックであることより先に、①低カロリーで、②低コレステロールで、③低塩で、さらに④おいしいことが条件になる。難しいテーマだが、アメリカのSMは1980年代から30年間もの長い間この問題に取り組み、今日では上記4つの条件を満たした商品をどの商品部門でも扱っている。

しかし、簡単なことでないことは確かである。低カロリーにするには油と砂糖は排除しなければならないが、それではうま味が出しにくいからおいしくない。そのためうま味の代用品として玉ねぎやニンニクなどの香味野菜や果汁やスパイスを使ってカロリーを付加することなく味を深める技術を、アメリカのSMチェーンは長い時間をかけて培ってきたのである。

それと並行して⑤売価の引き下げも欠かせない。いくら健康によく、おいしくても値段が高ければ客が買えないからである。その対策としてアメリカのSMチェーンは、グロサリーのみならず生鮮食品までも独自に開発するバーティカルマーチャンダイジング・システムを構築した。だから「健康によく、おいしくて、安い」が常識化したのである。

かつてアメリカでは水産物といえばエビやカニだったのだが、最近では魚が注目されていることは前述した。魚は肉より低カロリーでも処理が面倒なので、なかなか一般家庭に浸透しなかった。だが、SMチェーンが食べやすく加工した冷凍食品のPBを開発し、適正価格で売り出したことで一挙に普及し始めたのだ。

冷凍だから必要な数の切り身ブロックを袋から取り出して使えばよく、残りは保存できる。フライパンに乗せてスパイスをふりかけ、焼き上がりに好みの味のソースを添えれば立派な低カロリーメニューの出来上がりである。

■増加する働く女性への対応

人口の高齢化の一方で急速拡大中のもう一つの勢力がある。「ワーキングウーマン」である。図表17から分かるように、日本の成人女性の就業率は2012年に64・5％に達している。ドイツ、イギリスなど女性の社会進出先進国の仲間入りをするほど高い水準に至っているのであ

図表17　増加する女性の就業率

（資料：OECD「雇用アウトルック2013」から日本リテイリングセンター作成）

A．女性の就職率（2012年）

（単位：％）

国名	年齢（歳）						総人口（百万人）
	25–64	20–24	25–34	35–44	45–54	55–64	
アイスランド	80.8	71.8	77.2	84.1	85.6	75.5	0.3
ノルウェー	78.7	66.5	79.2	84.3	82.6	66.9	4
スイス	76.4	72.3	79.9	79.7	82.1	61.5	7
ドイツ	72.5	62.3	74.9	79.2	79.8	54.8	83
カナダ	72.3	68.0	76.3	78.1	78.3	55.1	34
イギリス	69.1	58.9	70.6	74.7	77.5	51.0	62
オーストラリア	68.3	69.6	70.1	72.2	74.7	53.8	22
フランス	67.4	43.9	71.9	78.3	77.4	41.7	63
アメリカ	66.1	59.2	67.9	69.7	70.0	56.1	312
日本	64.5	63.5	69.2	66.7	72.0	52.4	127

註１．労働者にはパートタイマーを含む
　２．総人口は、国連「World Population Prospects：The 2012 Revision」（2012年国連予測）から

B．先進国の女性（25〜64歳）の就業率変化

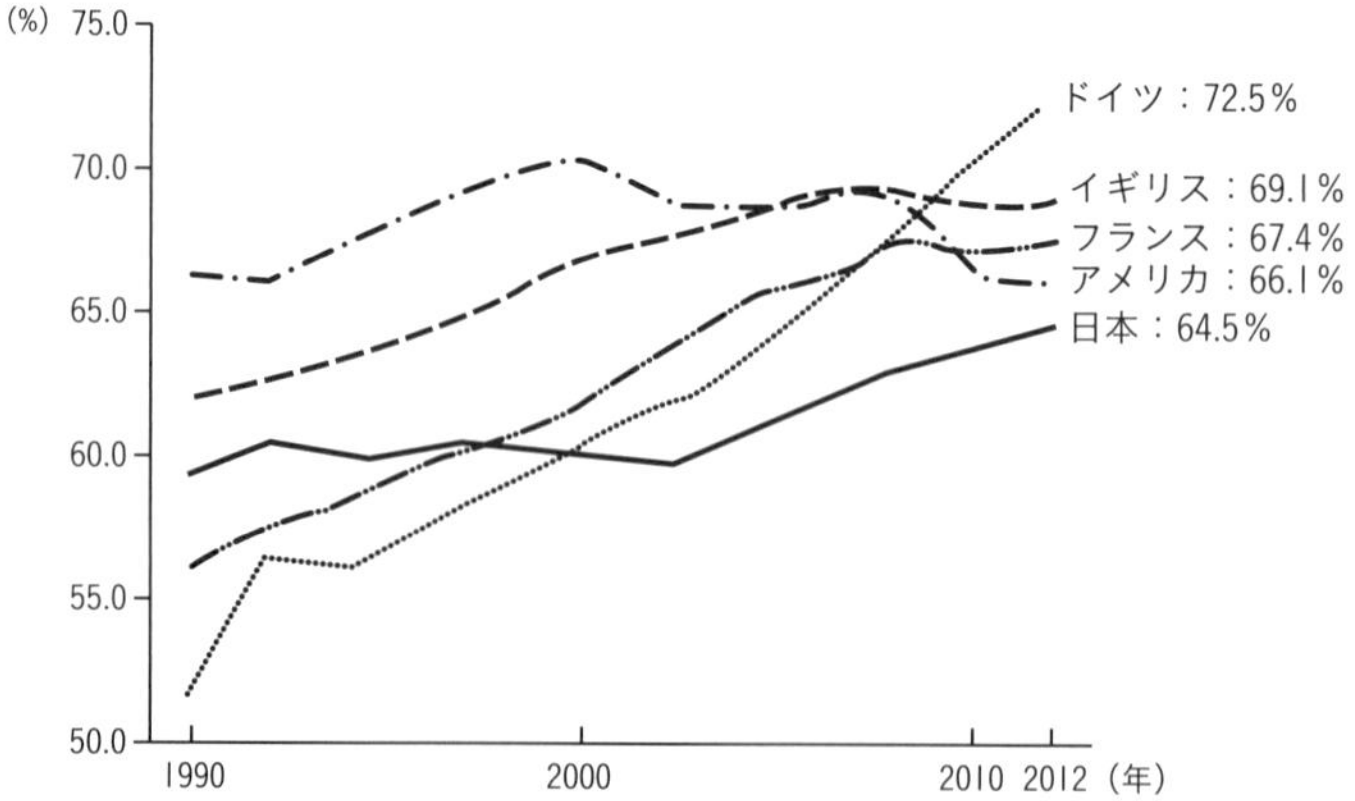

る。年齢別構成比をみると、各国ともに45~54歳の就業率が最大で、日本でもいまや72%に達している。

逆に言えば専業主婦の比率は下がり続けていることになる。ところが日本では未だに専業主婦を購買力の主軸と位置付けている。だからSMは夕方5時からのタイムサービスや日替わり特売で集客しようとし、総菜を店内加工して出来立てを提供しようとする。

しかし、毎日夕食の準備直前に買い物のためにSMに来店できる専業主婦の数は激減し、今後も減り続ける見込みであることは先進国の例からも推測できる。

子育て中で子供に手がかかるはずの25~34歳でも就業率は69・2%で平均値より高いのだ。専業主婦だった親世代の再就職の悪条件を目の当たりにした今日の若い女性は、結婚後も出産後もそれまでのキャリアを放棄してはならないことを教訓として身につけているからである。

従って家庭を持っても持たなくても女性が働くのは当たり前の時代になっていることが分かる。それなのに流通業側の準備のないことが問題である。

熟年世代と社会に進出した女性の2大勢力には共通の特色がある。

第1に、買い物に時間をかけないことだ。熟年世代は長い人生経験から自分に必要な品が決まっていて繰り返し同じ品を購入する傾向があるから時間がかからない。一方、働く主婦は買い物に時間をかけられない。自由になる時間は短く、その間にあらゆる用事をこなさなければならないから、各社の特売広告を比較してそれぞれを一番安い店で買いまわるなど、できるはずがない。また休日はまとまった用事を果たすことと楽しむために使いたいから、買い物は通勤の行き帰りに短時間で済ませることになる。

従って熟年世代も働く主婦も気に入った店の固定客になりやすい。贔屓にしてもらうためには出入りがしやすい駐車場など立ち寄りやすい物理的条件（業態）を満たすことが先だが、商品はいつでも同じ低価格で提供するＥＤＬＰ方式が有利になるのは当然である。

第２に、家事にかける時間が減る。熟年世代は体力が減退するからだけでなく、子供達の独立で家族の人数が減るからなるべく簡便に済ませたい。また、働く主婦は他にすることが山ほどあるからだ。

特に調理にかける時間は激減する。自分で調理するよりおいしくて栄養が適切で手頃な値段で提供されれば、冷凍でも冷蔵でも加熱するだけ、またはそのまま食べられるメニューが好まれる。

従ってスーパーマーケットは日持ちする調理済み食品を増やさねばならない。女性の社会進出が先行した欧米ではＳＳＭチェーンが率先して冷凍や冷蔵のおいしいプリペアードフードのＰＢを開発し、フードサービス業がファミリー向けの持ち帰りメニューを普及させたため、働くお母さんは毎日の食生活に頭を悩ませなくて済むのである。

働いていれば収入があるので自分の労力が省ける便利なものがあれば買う。熟年世代も同じだが、人生経験が豊富なだけに選択眼は厳しいことを忘れてはならない。

この2大勢力の暮らしのニーズとウオンツを追求すれば①固定客が増える。そして彼らの②来店頻度は次第に増え、③1回の買上点数も増える。従って既存店の売上高は毎年増え続け、店数増加に繋がるのである。

日本のSMは多数派生活者の暮らしの現状を学び直し、便利な商品と売り方を研究し直さねばならない。これから始まる本格的な競争に勝つための急所である。

■プリペアードフードの商品開発

繰り返しになるが、手数をかけなくても簡単に食べられる工夫は、客層拡大には重要な要素である。熟年層も若年層も単身世帯がますます増える傾向にあるからだ。自分一人のために調理に時間をかけたくないから、すぐに食べられることは必要な条件である。また、ファミリーを形成していても、主婦が仕事を持っていれば調理に時間をかけられないのである。

仕事を持っている人と高齢者は買物頻度が下がるから、買い溜めできるよう日持ち対策も重要だ。そこで、つくり立ての総菜より冷凍、冷蔵、レトルト、フリーズドライ、缶詰など、保存できる加工食品が望まれる。もちろん味のレベルが高いことは譲れないが、この点でもアメリカのＳＳＭチェーンは進化している。年々、品質の高い冷凍食品の品種と品目が増えているのである。

完成度が高い冷凍加工食品ＰＢは、メニューに適した品質の原材料を自社で構築したバーティカルマーチャンダイジング・システムにより調達し、それを使って調理のプロが工夫した調理方法と味付けで工場生産する。それを最新かつ高度な技術で冷凍すれば高いレベルのおいしさが封印される。温度管理さえ適切なら客の手に渡った後も冷凍庫の中で品質を維持し続けるのである。

日本では冷凍食品は特売の目玉商品や弁当のおかず用の補完商品としての位置付けでしかないが、欧米ではグルメなメインディッシュとして進化している。それらは有名レストランのメニューとそん色がないほど味が洗練されているのである。

野菜についていえば、低カロリー食として健康管理には重要だが、生のままでは日持ちしないことが欠点である。そのため収穫直後に急速冷却した後、皮をむいたり根を取ったり食べやすい大きさに切ったりと下加工し、パックしてそのまま電子レンジで温野菜ができるような冷蔵野菜が開発されている。サラダ用のカット野菜と同様に10日前後日持ちし、いつでも面倒な加工なしで野菜が食べられる。

アメリカではこれらの技術革新のおかげで健康管理がしやすくなったのである。

■ストレスフリーな店づくり

最近「買物弱者」対策が話題になっている。コンビニの「御用聞きサービス」、小売業による客の送迎サービスの例がマスコミで紹介される。しかしこれらの特別サービスにはコストがかかる。これを企業側が負担するならそれらは店に来店する普通の客が負担していることになるので不公平である。

もともと日常生活を維持するための生活資材を販売する店舗が成立しないような過疎地に、老人を点在させているのは政府の無策である。それを民間企業がカバーする義務はない。

しかし、既存店舗をもっと来店しやすく買物しやすい便利な環境に変えなければならないことは確かである。

まず、道路から店の駐車場への導入路は、速度が落としやすいように駐車場の敷地を削って引き込み道路をつくるべきだ。アメリカのショッピングセンターは右折も左折も同じように手を打っているので、運転が下手な人でも敷地に入りやすい。

次に、現状では狭すぎる駐車場内の道路の拡幅と駐車区画の拡張も欠かせない。滞店時間が短いSMなら、駐車台数を多くするより出入りのしやすさが客層拡大の決め手になる。

店内のレイアウトはシンプルに、曲がり角を減らし、障害物となる島陳列、突き出し陳列を止める。そうすることで通りやすくなるだけでなく、カートを押して手ぶらで買物ができる。

買物頻度が減っても1度に必要なものが必要なだけ購入できるようにするのだ。それはコンビニでは味わえない買物経験になる。

さらに、サッキング・サービスが不可欠である。老人対策を気にするなら真っ先にすべきことだ。バックグラウンドミュージック、店内放送、呼び込み販売など、店内に渦巻く雑音は排除すべきだ。聴覚が衰えた高齢者にとって苦痛でしかないからだ。

営業時間帯は前にずらす。勤務時間帯が人によってまちまちになっている今日では、深夜営業より早朝営業を重視する。深夜の需要はコンビニがカバーするから、SMは考えなくてよい。

決め手になるのはやはり、EDLPである。限定した特売日を設けずいつ店に行っても同じ低価格で商品を提供すれば、混雑しない曜日の混雑しない時間帯に店に行ってストレスフリーな楽しい買物ができるからである。短期特価特売を頻発すると、その日、その時に客が集中するから買物環境は最悪になり、高齢者には酷である。

熟年でも若者でも便利さの条件は同じである。特別なことを考えるより、現状の不便さを認識し便利な店に変えることが先である。

オーバーストアとなった日本のSM業界で生き残るには、客層拡大対策により客数を増やし、彼らに固定客になってもらわねばならない。

第4章

新・SM革命における「仕組みづくり」

supermarket

1. チェーンストア本来の分業へ

支店経営方式からの脱却

日本には売上高数千億円規模で店数3ケタのＳＭ企業が存在するが、まだまだ中小の比率が高く、大手の寡占化が進行していない。一方アメリカは、ＳＳＭ大手の寡占化が進行していることは先に述べた。

その違いは、日本のＳＭが大手さえも未だに支店経営方式を引きずっているのに対して、アメリカはチェーンストア経営システムを確立し、進化させ続けていることに起因する。

支店経営方式では多くの決定事項が店長個人に託される。だから店長の能力で店の業績が左右されることになる。そこで大手も中小も条件は同じ、いや大手ほど不利になる。本部の店舗開発部には店数を増やす能力があるのに、有能な店長を大量に育成することが難しいためである。このため支店経営方式では規模の利益が反映しにくいのである。

一方、チェーンストア経営方式ではあらゆる決定が本部で行われる。店で行われることはすべて本部で仕組みをつくるから、その精度で結果が決まってしまう。だから、本部に有能な要員を大量に抱え、職務を細分化して分業することが可能な企業が有利になる。10店の企業よりも100店の企業のほうが本部要員を多く抱えられるのは当然だ。

本部で調査と実験を繰り返して作られた仕組みは全店に反映される。だから店対店の勝負ではなく、企業対企業の戦いになるのだ。その結果、強力な企業が市場を寡占することになるのである。

SMに限らずアメリカの流通業の大半がチェーンストア経営方式を取っている。支店経営では店数が増やせないからである。

チェーンストア経営方式は、欧米のチェーンストアが150年かけて築造した独特の「分業のありかた」についての経験法則なのである。

日本のSM企業は支店経営方式からなかなか脱却できないでいる。だから店数が増えるに従って効率の悪い店舗が増えているのだ。規模の大小にかかわらずチェーンストア経営方式への転換を急がないと10年後の繁栄は望めない。

売上高は本部の責任

チェーンストア経営方式の分業においては、本部はあらゆるキマリをつくることが任務である。現場とは店舗だけでなく、プロセスセンター、コミッサリー、デポ（仕分けセンター）、物流センター、品質管理センターなども含まれるが、そこでは本部で決めた通り、作業や業務を実行することが義務付けられている。そして店長、センター長など現場の長は、本部が決めたキマリどおりの作業や業務を部下に完全実行させることが任務である。

同時に、その完全作業を低コストで実行させることが、現場の長の能力として評価されるのだ。従ってチェーンストアの場合、店長の数値責任は営業利益率または坪当たり営業利益高となる。

日本で一般的な支店経営方式の場合、店長に売上高責任を課している。売上高予算比で評価しているのだ。しかし、売上高の大部分は集客力で決まる。その集客力は立地とショッピングセンターのテナント構成、建物構造、駐車場、売場面積など業態の優劣で決まるのだ。それを決定したのは店舗開発であって店長ではない。

次に、売上高は商品でも決まる。売れ筋が多く、死に筋が少ないなら買上品目数が増えて売上高は多くなる。客の来店頻度も増えるから客数が増える。しかし、その逆ならいくら店舗開発が努力して集客力の高い店舗を作っても売上高は高くならない。また、売れ筋が欠品なしに安定供給されれば売上高は増えるが、欠品すれば下がる。これらは商品部の責任であり、店長に直接の責任はない。

店長が自分で計画した店舗でもなく、自分で仕入れたわけでもない商品なのに、売上高で評価されるのは不合理である。なぜなら自分で改善できないからである。

つまりチェーンストア経営システムでは売上高を高めるのは本部の各部署の責任であり、店にはないのである。店ができてしまって、商品が店に送り込まれてから、店長と店の従業者が売る努力をしても遅いからだ。勝負はそれ以前の決定事項で決まってしまっている。

■店長は販売ではなく作業の専門家

チェーンストア経営方式の場合、店長には売上高責任がないだけでなく、荒利益高責任もない。それについては商品部が数値責任を負っているのである。売上高が下がろうと、荒利益高が下がろうと、そこから一定の営業利益率または坪当たり営業利益高を確保するのが店長の責任である。

それは経費をコントロールすればできる。店段階の経費の半分は人件費だから、部下に完全作業をさせる際にどの時給の従業者を何人動員して何時間で終わらせるのが最も効率がいいのかを考えて、作業割り当てと稼働計画をつくるのだ。そこが店長の腕の見せ所である。

チェーンストアでは店長は販売の専門家ではなく、作業の専門家なのである。

本部と現場の関係を建築工事に置き換えてみよう。建築現場では敷地利用計画、建築設計、耐震設計などあらゆる計画は設計者が行う。現場で、成り行きで決めることなどあり得ないのだ。この役割を担うのがチェーンストアの本部であり、現場で起こりうることをすべて想定してキマリを決めるのだ。

次に建築現場で実際に作業するのは専門の技術を持った施工者である。そして、建築にかかわるあらゆる作業を効率よく段取りをつけ、作業割り当てと稼働計画を立てるのが工事事務所長である。その熟練度で工事工程が短くなるか、長くなるか決まる。それはコストに反映する。だから同じ設計図を使っても熟練したA工事事務所長は8カ月で建物を完成させ、新米のB所長なら10カ月かかる。そこで建築総コストが違ってくることになるのである。

小売業の店長も同じで、熟練店長なら売上高が減っても決められた営業利益率以上を確保できるし、新米ならそのコントロールができないかもしれない。さらに超熟練の店長なら赤字店を黒字にできるかもしれない。売上高を高める努力をするのではなく、人件費をコントロールする技術を持っているからである。

本部で決めたキマリどおり、部下に完全作業をさせる。さらにコストコントロールをする。それが現場の長の任務である。

■まずは設備の標準化

日本の支店経営方式では多くの決定を店長に委ねて、本部はそのお手伝いをするとされている。その一方で、本部は現場に無理難題を押し付けてくるところとも考えられている。

しかし、チェーンストア経営方式では本部が現場で起こりうるすべての事象を予め想定して、調査と実験の繰り返しの結果、最良の解決方法を開発し、それを制度として普及させるのだ。そのために本部がある。

従って現場でキマリどおり実行して結果が悪ければ、または楽に作業ができなければ、そのキマリを作った本部の担当者の責任である。キマリ通りに実行したのなら、店側に責任はないのだ。

チェーンストアは規模の利益を追求する。店舗オペレーションも商品も、マスにすることでご利益を享受するのである。だから店が楽に増やせる仕組みが必要である。そのために、店のオペレーションは未熟練従業者が簡単に作業できるようにしなければならない。

現場で作業するのにいちいち考えたり、工夫したり、議論したりでそのつど方法を考えなければならないなら、店ごとに何人もの熟練社員が必要になる。それでは店が増やせないではないか。だから本部で共通の制度を作る必要があるのである。

制度を全店共通に運用するためには店舗の標準化が不可欠である。これまでのように出たとこ勝負で敷地も売場も面積がまちまちで、レイアウトも部門構成も部門ごとの売場面積も店ごとに違うと、棚割りも作業も標準化が難しい。仕組みづくりを個店対応しなければならないなら店長にまかせた方がよいと、また元に戻ってしまうのである。

まずはハード、つまり設備を標準化することが先である。棚割りを標準化するなら棚の幅と高さと奥行きを標準化する。そうすれば売場面積が店ごとに違っていても重要な商品部門の核商品群から棚1本単位で最良の棚割りへと標準化できるのだ。

日本の流通業には制度を作る人材がまだまだ不足している。調査と実験の結果を科学的に観察・分析・判断できる理科系の人材を増やさねばならない。楽しみながら制度化ができる人材が不可欠なのである。

2. センター活用による労働生産性向上

■センター化こそ最優先課題

これまでのSM業界の本流は規模の大小にかかわらず、支店経営方式である。仕組みをつくらず、個人の才覚で営業行為を推進する方式をとってきたのだ。そして生産性は度外視され、売上高競争に終始していた。

ところがオーバーストア状況が加速すると、日本のSMの低い労働生産性は致命傷になる。それを改善するには、現在店ごとに別々に行われている多くの作業を本部やセンターに移行しなければならないことは前述した。

一方、本流の外側ではチェーンストア経営方式に基づいて、労働生産性を向上させる目的で積極的にセンター化を推進してきた企業がある。その少数派企業は中規模のＳＭチェーンで上場していない場合が多いので目立たないが、センター化によって店段階の労働生産性をＳＭ平均以上の１０００万円～１２００万円に高め、確実に営業利益を確保してきたのだ。

また最近は、大手ＳＭ企業の中にもセンター活用の取り組みを開始した企業が現れ始めた。大手が店内作業のセンターへの移行を進めれば、大手としての威力が存分に発揮されることになる。支店経営方式なら1店単位の勝負だから企業の大小の影響力は少ないが、チェーンストア経営方式を取ると大手であればこそのパワーが生まれる。そうなると小が大に簡単には勝てなくなるのだ。

従って手遅れにならないうちにセンターを活用したチェーンストアらしい業務システム体制に移行しなければならない。

大手の弱点は変革に時間がかかることである。しかし中小なら、トップマネジメントが決定さえすれば推進は早いはずである。いずれも時間との戦いなのだ。

図表18　4種類のセンターの相違点

	必要性	名称	ねらい		在庫期間
㋑	なくても	ディストリビューション・センター（DC）	店段階の在庫適正化	店舗作業削減	比較的短い（数日から数週間）
㋺	不可欠	トランスファー・センター（TC）			すごく短い（2日未満）
		デポ			
㋩	不可欠	プロセスセンター（PC）	加工とリテイルパック		加工後ただちに
		コミッサリー			
㋥	必要なら	ウエアハウス	開発輸入品の欠品防止目的の在庫備蓄		やや長い（数週〜数ヶ月間）

■センターの種類と役割

センターは店段階の作業を集約して行う場で、機能別に分類すると図表18の4種類になる。

㋑の「ディストリビューション・センター（DC）」、つまり物流センターはベンダーからの入荷を一手に引き受け、検質・検数（量）を行い、在庫を持ちながら店ごと売場ごとに補充分だけをまとめて配送するセンターである。食品なら常温と冷蔵と冷凍の3種類の温度帯別に施設が分けられるのがあるべき形である。

これとよく似た機能を果たすセンターが㋺の「トランスファー・センター（TC）またはデポ」である。DCとの違いは、在庫を持たないことである。荷受と店ごと売場ごとの仕分けと、店への配送を受け持つセンターである。

㋩はプロセスセンター（PC）とコミッサリーで、商品の加工作業とプリパッケージを行う食品工場である。前述の通り日本のSMは店内で行っている商品加工作業が多いのだが、店内作業を廃止してこの施設を稼働させることが企業の今後の発展の決め手となる。

㊁のウエアハウスは仕入れ商品だけなら必要ないが、独自に開発輸入をすると自社で商品や材料の在庫管理が必要になるので、そのための保管施設である。

上記4種類のセンター共通の目的は、①店舗後方作業の適正化、②店内作業種類の削減と単純化、③商品の品質向上と維持、そして標準化である。

まず、㋑のDCと㋺のTCの2種類のセンターが正当に機能することで、店は死に筋となる余剰在庫を持たず、欠品も起こさず、適正在庫を維持することができる。

また、ベンダーから商品が到着するたびに発生する荷受、検質・検数がなくなるので後方常駐者の配置が不要になる。日本のSMはベンダーから店への直送方式だと送料が安く済むと考えがちだが、関連する作業種類と量を比較すればセンターに集約した方がコストは低くなることが分かる。

また、その日の売場への補充分だけがセンターから店に到着するので、後方在庫がなくなる。そのため後方在庫管理の手数がかからなくなるのである。

■後方在庫が増える理由

日本の場合、DCを持ちながら店の後方在庫が膨大にある。それではDCの存在意義がないのだ。その第1の原因は、特売の多発である。特売用に増えた在庫が予定どおりに消化できず、累積してゆくのだ。店長はこの不良在庫の処分に忙殺されることになる。

アメリカのチェーンなら在庫はどこにあってもバイヤーの責任である。だから特売の残りはDCに回収してバイヤーが処分方法を決める。店に置きっぱなしにはしないのだ。そのためバイヤーの販売量予測はしだいに正確になり、余剰在庫と機会損失がコントロールできるようになる。

しかし、今日では予測しにくい要件を避けるため、そして業務システムを標準化するために、特売に頼らずEDLPに移行した企業が増えている。それが店にとっても客にとっても最良の方法だからである。

日本の店の後方に在庫が累積する第2の原因は、棚割りが実際の販売数量ともDCからの補充量とも比例していないからである。この3者を一致させないと特売がなくなっても後方在庫はなくならない。

一致しない理由は、バイヤーが棚割りを店任せにしていることだ。頻繁に新商品を店に送りつけてくるのに、棚割りは変更しないのだ。何かを加えるには何かを外さなければならない。新商品導入の前に値下げ処分をするか、DCに回収して一括処分するかどちらかだ。いずれにしてもバイヤーの決定事項で店長に責任はないのに、店任せになっている。だから後方在庫が累積する。

もうひとつの要因は発注量決定を訓練していない未熟者にさせていることである。発注量は次の補充日時までの予測販売量でなければならないのだ。ところが環境変化の情報だけは発注端末に入力しているものの、その分析能力がなく、教えてもいない未熟者に数量決定をまかせている。

根拠のない棚割りを前提に販売数量予測能力がない店のパート従業者が発注量決定をする。そのために全店で死筋商品管理のために膨大な人件費がかかっていることを反省すべきだ。

これらの問題点を解決しない限り、ＤＣもＴＣも機能しないのである。

■DCよりもTCの稼働が先

ＤＣは在庫保管施設が必要なので投資額が大きくなる。店に補充する商品を在庫の中から速やかに探し出し、必要な数量をピッキングし、店ごとに分けるには、最新の設備機器が開発されているからその選び方によっては膨大な設備投資となる。

しかし、ＴＣならプレハブで済む。周辺道路と敷地内にトラック動線が確保できて広い面積があれば、倉庫や工場の跡地が利用できる。投資額が低くてすむので、まずはＴＣを稼働させるべきだ。

そこでは先に述べたように荷受と検品、そして店ごとに仕分けする作業を行うが、それだけではない。これまで店で行っていた商品の陳列準備作業もＴＣで行うのである。

現状、店で行われている作業の内容とそれにかける時間を調べてみると分かるが、補充作業としてひとからげにした作業の内わけは、補充そのものより補充の準備作業のほうが多い。

ベンダーから到着した荷姿のままでは陳列できないから梱包を解く。すると廃棄物がでるからその処分がいる。アメリカのＳＳＭチェーンなら段ボールコンプレッサーを後方に設置しているからそこに放り込むだけですむが、日本ではその設備がないから廃棄物の仕分け、梱包、格納の作業が伴う。ＴＣになら廃棄物処理の機械設備を備えることができるだろうから、その作業をＴＣに集約する。それについては店での作業がなくなり、作業効率は飛躍的に向上するはずだ。

値付け作業も同様に、ベンダーから入荷した時に全ての商品に同じ値札を貼付するほうが、狭い店の後方で商品を移動させながら異品目に異なる売価を少量ずつ値付けするよりも遥かに効率がよい。

本来なら値付けはメーカー出荷段階に済ませるべきである。それができないのは短期特売特価が横行しているからであろう。

また、陳列するフェイシング数と棚の奥行きに合わせて設計された箱に、箱ごと陳列できるように商品が並べて梱包された状態でＴＣに納品されたら、商品を1個ずつ移動させるという手数がＴＣでも店でも発生しなくなるのだ。その梱包の仕方をシェルフ・レディ・パッケージングと呼ぶが、高購買頻度品を扱う欧米のＳＳＭチェーンが積極的に採用している。

もうひとつＴＣを有効に活用するポイントは、店ごとだけではなく売場のアイルごとに商品を仕分けすることである。店に到着した補充商品が後方に一時置きされることなく、売場に直行して補充作業が始められるようにするのだ。これもアメリカのチェーンなら常識である。

だからアメリカのチェーンのＤＣでは商品が売場と同じ順序で並んでいる。並んでいる順番に商品をピッキングしてフォークリフトにセットしたパレット上に載せてゆけば、自然にアイルごとの補充商品の塊ができるのである。

業務システム改革の原則は店でやらずにセンターでする。センターでやらずにメーカーが出荷する前に終えることである。元を辿って先手を打つ。それが店内作業を減らすための原則である。

センターは小規模のときから稼働させるべきである。そうすればドミナント出店しなければならないことが分かるから、出店の方向性が定まる。今後生き残りを決定づける要素がセンターの活用なのである。

3. プロセスセンターのメリット

■店内加工の迷信

プロセスセンターは食品の1次加工と2次加工、そしてプリパッケージまで行う食品工場である。同じ機能でもフードサービス業の場合はコミッサリーと呼んでいる。

欧米のSSMチェーンは、肉、魚、パン、総菜を店ではなくプロセスセンターで加工している。だから店段階の労働生産性が高い。その結果、経費率が低くなり、営業利益率が高くなるのだ。

片や日本のSMは、これらの加工作業を店ごとに、家庭の台所の延長のような稚拙な設備しかない小規模な作業場で、多品目少量の効率の悪い生産をしている。そのため店段階の労働生産性が低い。だから営業利益率が1%台と低くなる。

ではなぜ日本のSM企業がセンター加工をせずにインストア加工なのかといえば、次のような迷信が蔓延しているからである。

その日の売れ行きに合わせて臨機応変に数量を決定し、日に何度にも分けてそのつど製造したほうが①出来立てが提供できる、②手作りが生かせる、③臨機応変の調整で機会損失とロスが出ない。だから有利だというのだ。

それなら日本のＳＭの肉、魚、総菜売場はぼろ儲けできるはずだが、現実はそうなっていない。確かに利益を出している店もあるが、大多数は売場販売効率が高いにも関わらず赤字であることは先に述べた。売れても儲からない部門になるのは、店ごとのインストア加工に膨大な人件費がかかるからである。

特にひどいのが魚売場である。売場販売効率は１２００万円と店全体の平均の4倍も売っているのに、坪当たり営業利益高はマイナス10万円になる店もある。魚売場で利益を出している企業は希少で、大部分は赤字なのである。

店側がインストア加工の長所と思い込んでいる「出来立ての提供」は、客にとって有利な条件ではない。なぜなら出来立てを買って帰っても、食べるのは数時間後で出来立てではなくなっているからである。

さらに「手作り」といっても調理しているのは板前でもコックでもなく、パート従業者なのだ。素人の手作りなど自慢できるものではない。

店の加工場で刺身を切って「作り立て、手作り」だから鮮度が高いといっても、もともと切る前の魚の鮮度が問題なのだ。その場で切ったのだから新鮮だとは言えない。

次に「臨機応変の調整」はしている店もあるだろうが、していない店の方が圧倒的に多数である。部門長がいたとしても実際に数量管理をしているのは勤続年数の長いパート従業者だから、数量決定の手順が単なる思い付きで合理的な根拠がないのだ。そのため、やはり売れ筋品目は欠品が発生して機会損失を起こしており、一方で死に筋品目と過剰生産品で値引きロスと廃棄ロスはなくならない。

生産数量決定の手順が標準化されていないし教えてもいないのだから、いい加減になるのは当然である。

■店で衛生管理は不可能

一番問題なのが衛生管理であることはすでに述べた。店内加工を行っているSMはこの点で無神経すぎる。

ガラス越しに見えるオープンキッチンで弁当を作っているパート従業者が、加工が終わるつど両手に1個ずつ商品を持って売場に補充に出てくるのだ。しかも裸陳列しているてんぷらの上で「いらっしゃいませ」と唾を飛ばしながら。そして、補充したらまた加工場に戻ってゆく。何度となく出ては引っ込むのは、作業場が狭くて製造した商品を置いておく場所がないからである。

問題なのは売場から作業場に戻る際に、手指も靴底も衣服も消毒をしていないことである。

食品工場での作業従事や見学に行った経験のある人なら周知の通り、工場に入る際には徹底した消毒が行われる。手指は石鹸と爪ブラシで十分に洗った後、消毒してから新しい手袋をする。着衣はローラーで埃を取った後、洗濯、殺菌済みの作業着を着こみ、ローラーで付着しているかもしれないゴミを取る。専用の長靴をはいた後、消毒液のプールを通り、同時に風圧で作業着の埃を吹き飛ばす。この手続きを経過しない限り食品工場には入れないのだ。

ところが同じように食品加工をしている店舗では、この手続きを踏まなくても作業場に戻れるのだ。しかも売場には客が屋外から持ち込んだバイ菌が蔓延しているはずで、さらに慎重な衛生管理体制が必要なはずなのに。

さらに店の作業場の空調は、売場と同じまたは微弱である。夏は暑く、冬は寒い。加えて作業場のドアは頻繁に開閉されるから、一定の温度に保ちにくい。だから、そこにある食材の品質はたちまち劣化する。

一方、食品工場は、食材と製品の鮮度を保つために空調をコントロールしている。魚、肉、野菜を扱うなら摂氏2度前後に保っているのだ。湿度もそこで扱う食材に合わせて調整している。だからそこで働く従業者はその低い温度や高い湿度に耐えられる服装をしている。

アメリカなら食材は収穫、捕獲、処理直後から急速冷却が行われ、輸送時も保管時も同じ温度に保つコールドチェーン化の仕組みが徹底している。プロセスセンターで加工する時も、商品になってそこから店へ配送されるトラックの中でも、売場の陳列ケース内でも、コールドチェーンの一貫として同じ温度、湿度に保たれる。だからセンター加工の商品のほうが店で加工したものより新鮮なのである。

つぎに、材料管理にも調理にも生産技術にも、高度な技術を備えたプロフェッショナルの存在が欠かせない。店ごとに時給の高い技術者を配置することはできないが、センター加工ならそれぞれ1人いればすむのだ。

従ってプロセスセンターで加工すればおいしく、鮮度が高く、均質な商品になりやすい。しかも最新の技術と機械を使って効率よく生産できるので、値段も低く抑えられる。店で作るより遥かに高度な商品にできるのである。

■プロセスセンターで核商品が育つ

日本でもようやく食品加工作業をプロセスセンターに移すSM企業が増えてきた。早い時期から一部センター化を進めていた先進企業は生産する品種、品目の範囲を広げつつある。センター加工を主力にすればドミナントエリアを前提として店数を増やさねばならないことが分かり、競争力が強まることにもなる。

プロセスセンターは年商・店数にかかわらず早期に作るべきである。アメリカでは僅か10店のローカルSMもプロセスセンターを持っている。大手チェーンは新たな商勢圏への進出の際、ディストリビューション・センターだけでなく、各種プロセスセンターを店舗より先に建設する。店舗運営に欠かせない施設だからだ。

日本でセンター化が進まない理由として、投資額が大きすぎて手が出ないからだと言われている。しかし、機械設備にもよるが、小規模のセンターなら2億円ほどで作れるのだ。全店で発生する魚売場の赤字総額より低いはずだ。倉庫や不採算店の跡地を使うこともできる。小規模でも店ごとに別々に作業することに較べれば作業効率が高まり、衛生管理も鮮度管理もしやすくなるのだ。

店では商品加工作業がなくなることで作業人時数が減るだけでなく、店内作業が単純化されてオペレーションが楽にできる。さらに商品加工のための訓練もいらなくなる。

店内の作業場がいらなくなることで売場面積が広くできることもセンター化の恩恵である。日本の一般的なSMの売場面積が店舗面積の6割に留まっているのに対して、アメリカのSSMチェーンの売場は店舗面積の8割になる。作業場の面積を広く取る必要がないからである。

店のクリンリネスも維持しやすくなる。作業場の床は水浸しの場合が多く、靴底の汚れが売場に波及するのだが、作業場がなくなりそこから売場に出入りする従業者がいなくなると売場の床が汚れなくなるのだ。この点でも店舗オペレーションが単純化できる。今していることを止めれば人時生産性は大幅に改善されるのである。

まずは食品工場を見学することから始めよう。特に弁当や総菜などコンビニエンスストア向けの製品を生産している食品工場を見学すると方向性が理解できる。場数を踏むことだ。

センター生産が始まると売れ筋商品がクローズアップされる。店でそのつど多品種少量生産していると売れ筋が分かりにくいのだが、工場では計画生産せざるをえないし、1品大量生産のほうが効率がよいと分かるから、売れ筋を突き詰める技術が育つのだ。

その結果、売場でもそれが目立つようになり、客が繰り返し目的買いをする核商品が生まれる。店ごとにパート従業者が思い付きで少量生産していたのでは核商品は育たないのである。

日本ではコンビニが強いプリペアードフードの商品を、欧米ならSSMチェーンがプライベートブランドで普及させている。もちろんセンター加工だからできることだ。

未だに「出来立て、作り立て」をよしとして店の作業場で人海戦術により刺身や総菜を素人が手作りしている日本のSM企業は、この分野でコンビニの工場生産品に負けていることを自覚すべきである。

ようやく日本でも大手SMチェーンがセンター化に乗り出したことで、巻き返しが図れるはずである。

4. 主力商品部門の黒字化

■プロジェクトチームを編成

これまでSM企業は店数を増やすことで売上高が増え、回転差資金が生まれることで資金繰りに困ることはなかった。したがって収益性が低いことに対して深い関心を示さなかったのだ。しかし、店数が簡単に増やせないオーバーストア状況下で勝ち残るためには、収益性を高めねばならない。売上高至上主義では生き残れない時代に突入したのである。

SM企業の収益性低下の最大の要因は、主力商品部門の赤字である。SM経営者は「青果、水産、畜産の生鮮3品はSMの要だから強化する」と言う。しかし現状はそのうちの2部門が約8割の企業で赤字である。「赤字覚悟で安売りする」というのだが、赤字は放置すれば拡大する。しかも主力部門の大赤字を補助部門がカバーできるはずがないのだ。

売れないから赤字なのではない。売れているのに大赤字なのである。とくに問題なのは青果と水産の2部門である。しかも数値は年々、悪化している。

生鮮3品の中でも畜産は主力部門らしく、年坪当たり営業利益高を100万円以上稼ぎだしている店がある。その一方で、赤字25万円の店もある。プリパッケージ（梱包）作業をセンター化していれば例外なく黒字になるし、店内加工をしていると赤字になりやすい。また、加工肉の比率が高い品揃えに変更すれば黒字にできるのだ。

ほかに総菜部門も企業ごと、店ごとに業績がまちまちである。原因は畜産と同じでセンター化が決め手となるが、店内加工でも大量販売の人気商品があり、生産コントロール技術があれば黒字化できる。

まずは有能な人材を集めて「赤字部門の黒字化プロジェクトチーム」を編成する。赤字部門の店間比較をして、黒字店舗が黒字化する原因を突き止め、対策を決め、実験するのである。成功したら実験の範囲を広げる。

■青果部門は仕入れ先を変更

青果部門の黒字化については、仕入れ先の変更が不可欠である。取引先が固定化したことと規模が零細化したことが問題なのだ。

そのためには、品揃えの原則の見直しも必要である。バイヤーは利益が出るはずがないトレンド商品の仕入れに時間を取られ、大多数の普通の客が買いたい「値段が安くておいしい旬のベーシック野菜」の仕入れに時間をかけなくなった。扱い品目数と取引先の数が増えたのに、バイヤーの人数を増やしていないから当然そうなる。

客のニーズを無視し、ＳＭ業界の風説に惑わされた結果である。店側が売りたいものを優先し、客が買いたいものを忘れてしまったのだ。

これによる弊害は荒利益率の低下だけではない。店段階の人時生産性も引き下げた。売れないから値引きするが、そのタイミングと値引率を決めるのに時給２０００円以上の社員が全店で時間を取られる。１回の値下げで済めばいいが２度３度と繰り返される場合もある。廃棄の作業も必要となる。

またトレンド商品が売場を占領するため、ベーシック商品の陳列量を減らさざるを得なくなる。そのために補充頻度が増え、後方での在庫保管が必要になり、店内物流も増えた。

その結果、人時生産性はあるべき数値の２分の１以下となっている。荒利益高が減り、作業人時数が増えたのだから当然である。

したがって青果部門の赤字は、ベーシックアイテム重視の品揃えへの変更と強力な仕入れ先の開拓で解決できるのだ。

■水産部門は人海戦術の見直しから

次に水産部門の赤字はもっとひどい。売上高も荒利益高も十分なのに大赤字であることは前述した通りである。

原因は人時生産性の低さである。荒利益高が十分あるのに人時生産性は２２００円と、あるべき数値の３分の１ほどしかないのである。つまり、膨大な労働力を投入しているのだ。

店内の狭い原始的な設備の作業場で、魚の解体とプリパッケージ、刺身のカットと盛付け作業を行っているからである。魚は肉より処理と後かたづけの手数がかかるのだ。

とくに刺身の品目数が多いと盛り付けに時間がかかるために人時生産性が低下する。そのため刺身はさくでのみ販売するＳＭもある。さらに鮮魚より干物と魚卵を主力にするなど品揃えを変更すれば利益が出せるのだ。

店段階の本格的な人時数の削減対策は、もちろん商品加工のセンター化である。刺身も例外ではない。しかし、客に提供する直前に切り分けないと鮮度が保てないとして、店内加工に固執するＳＭ企業はいまだに多いのだ。

一方で商品の調達ルートの開拓とセンター内の室温管理と低温物流、店内の冷蔵ケースの温度管理で鮮度を保つ仕組みを構築したＳＭ企業が出現している。それらの企業の水産部門はもちろん黒字である。

現状維持なら赤字から脱却できないから、まずは店内加工の品目削減から始めねばならない。多品目少量加工から脱却し、１品大量処理にすれば人時数は半減できるし、マスアイテムが育つ可能性が高い。

一方でベンダーによるプリパッケージ品と干物と魚卵を増やす。さらに丸もの販売を削減することで人時数は大幅に削減でき、黒字化が可能である。

■売場面積の再配分

現在SMのドル箱部門はデイリー（日配品）である。この部門の年間坪当たり平均営業利益高は19万円で目標値を超えている。赤字の店がないわけではないが、それは出店ミスによる客数不足、売上高不足による例外である。

売場販売効率は平均値より少し高いだけだが荒利益率は25・6％で店平均より高く、人時生産性は４７００円で青果や水産の2倍ある。つまり店段階の商品管理に比較的手数がかからないから利益が出せるのだ。

しかしあるべき人時生産性は６０００円である。目標数値達成のためには死に筋品目の削減と補充頻度の低減により、商品管理の人時数をさらに削減しなければならない。１日の販売数量プラス最低陳列量を棚割りすれば１日１回の補充ですむ。さらに隔日補充も可能なのだ。そのためには売場面積を拡大する必要があるはずだ。

冷凍食品部門も同様に利益率が高い。こちらは売場販売効率が平均値を大幅に下回っているにもかかわらず、荒利益率が高いため営業利益高が高いのだ。今後の発展が期待できるだけに売場面積の拡張が不可欠である。

逆に売場面積を減らすべきなのは非食品部門である。ほぼ例外なく赤字か収益ゼロに近いのに売場面積が広い。消耗品だけの扱いにして面積を半減すべきである。

売場面積の再配分をするだけでも効率数値は向上するのである。

5. 発注量決定の合理化

■売れ筋が後方在庫になる理由

日本のＳＭの後方には在庫が山積みになっているのが常である。その半分以上が①特売の残りで、次に多いのが②売れ筋の補充分、あとは③発注ミスによる過剰在庫である。それらは通路をふさぎ通行を妨げ、作業効率の低下を招く。さらにそれら在庫が売場と後方を行ったり来たりするので、その店内物流は労働生産性低下の原因になる。

本来、後方在庫はないことが望ましい。補充する商品は陳列棚に入るだけの量が、ＤＣから配送されるべきなのだ。ＤＣはそのためにある。棚に入らない過剰在庫が店に届くことがおかしいのだ。

ところが売れ筋ほど後方在庫になるのは、もともと売れ筋商品に割り当てられた棚面積が少なすぎて配送された量が置ききれないからである。棚割りを変更すれば解決できるのに、それをしないのは次の理由による。

バイヤーはベンダーから提案された新商品を棚割りに加えることが使命だと思っているのだ。とにかく変ったもの、珍しいもの、トレンド品を品揃えに加えたがる。そのスペース確保のために、既存の売れ筋商品の棚割り面積が削られる。それらの新商品が売れ筋に育てばよいが、試売をしていないので9割以上の確率で死に筋になる。死に筋の替わりにまた別の死に筋が入れ替わり、いつまでたっても売れ筋の陳列量は増やせないのである。

本来なら新たな取扱商品が追加される場合、そのつどバイヤーが棚割りを変更しなければならないが、あまりにも頻繁な追加のため新棚割り表なしで商品だけが店に配送される。つまり店で何とかしてくれというわけだ。

しかも、新商品を追加するなら逆に廃番にする商品を決めて残品処分対策をとるか、DCに回収して処分を決めなければならないのにそれはしない。だから店では売れ筋商品の陳列量を減らし、後方在庫にするしか手がないのである。

補充担当者は棚に納まりきれない売れ筋商品を後方に持ち帰る。その後、売場担当者が折を見て補充するのだが、その間に最低陳列量割れを起こしても気がつかない。もっと問題なのは、売れ筋も死に筋も同じような陳列量だから売れ筋が目立たないことだ。そこで実際には大きな機会損失が発生し売れ筋が育たない原因になるのだが、そのことには商品部側も店側も無頓着だ。

売場担当者は何度も陳列状況を見に行き、後方に在庫を取りに行き、山積みの中から探し出し、積み直し、売場に運び補充する。日に何度もこの作業を繰り返すのだ。しかも全店で発生する作業である。

原因はバイヤーの間違った思い込みである。品目数が多ければ多いほど売上高が高くなるという迷信があるのだが、実際には逆である。売れ筋だけを精査して、売れるだけ棚割りしている企業の棚効率が一番高くなる。死に筋がなく、売れ筋だけで勝負しているからである。

棚効率を高めると同時に、無駄な店内物流をなくすためには販売量と陳列量を正比例させればよい。調査と実験を繰り返し、棚割をやり直すのだ。そうすれば売れ筋の後方在庫をなくすことができる。

新商品導入の際には①試用、②1店で試売、③3店に試売拡大、の手順を踏んで棚割りに加える。加えるからには廃番が発生するから、新たな棚割りが発行されるとともに、廃番の処分についての手配書が添付されることになる。もちろん店長に「なんとかよろしく」と下駄を預けることは通用しない。

なお、後方在庫で最大になる特売の残品についてはＥＤＬＰにすることで解決できる。

■発注量決定の精度アップ

一方、発注ミスによる過剰在庫は、発注者の注意義務だけではなくならない。発注システムを根本的に変更しなければならないのだ。

店ごとに発注量決定をしているなら発注者に特別な訓練がいる。訓練後、資格試験を課して、合格者だけにこの作業を任せるのだ。この作業は店段階にある数多くの作業の中でも難易度が高い。従って補充やレジ作業より時給は高くなる。

発注量決定とは次の補充日までの販売数量予測をすることだから、簡単ではない。日本のＳＭ企業は発注端末に天候や近所の学校行事など環境変化情報の入力には熱心だが、その運用方法の訓練をしていない。

もっと問題なのは担当者にその情報を精査する時間を与えていないことだ。実験によると発注端末の画面を読み、理解し、その情報をもとに予測数値を推算するには１ＳＫＵ当たり15～18分かかるのだが、実際には1、2分ほどしかかけていないので情報を活用しているとは思えない。それは決して発注作業者の落度ではなく、命令する側の問題である。

１ＳＫＵ当たりの発注に必要とする時間にＳＫＵ数を掛けた作業時間が与えられていないの

だから、いくら訓練を受けていてもキマリの運用が難しい。

そこで最近では「自動発注」が流行りである。ところが店舗面積、レイアウト、商品部門単位の面積、棚割り、客数などの条件が標準化していないため、結局は店ごとの発注量を人力で修正することになる。それでは自動発注の意味がないのだ。

立地と店舗と商品構成を標準化し、それによって客数が標準化することで棚割りを標準化できれば自動発注は可能である。なおかつ、その対象品目の売れ行きが安定していることも条件だ。この条件に合うのは、コモディティグッズである。つまりどのメーカーの品でも品質と売価がほぼ同じ成熟した商品で、従って客がどのブランドでも区別せずに買っていくものである。紙製品、歯磨き、洗剤などの消耗品だけでなく、今日ではノートパソコンもこの分類に入る。

もうひとつの条件は、新製品がでてくる見込みがないことである。今日の洗濯洗剤のように濃縮液体洗剤が出現し、さらに濃縮度の高い新型が発売されると既存の商品の販売数量算出公式が崩れるのだ。もちろん新商品の販売数量も未知数だ。これらはコンピュータに計算させることができない。

■社内ディストリビューターの育成

そこでチェーンストア経営システムでは発注量決定を、数十店分まとめて数表分析の専門家が行う。それが社内ディストリビューターである。

普通DCに所属していて店ごと、単品ごとの発注量と納品日時とを決め、本部バイヤーに発注する職位である。1人当たりバイヤー5～10人分の品目数を扱う。

彼らは数表分析の専門家だから、デスクに数表を広げ店間格差と過去の実績と環境の変化を検討しながら、次の補充日までの販売数量予測をし続ける。その作業の進め方自体が店でパート従業者が重い発注端末を抱えて立ったまま、自店の実績だけを元に僅かな時間で予測をするよりも遥かに合理的である。

1店だけのPOSデータは一部の客のイレギュラーな買い物の仕方で変動する。それを元に発注量を決定すると過剰在庫が発生しやすい。

一方、直接競合の他社が特売をすると同じものが自社で売れなくなり、それを元に発注量を決めると売れ筋が欠品する。大問題なのだが、日本のSMは欠品に鈍感だから機会損失が生じているのに気がつかないのだ。

ひどい例では、ある企業のSB商品が同じような客数のA店とX店とでは1対10の販売量格差があった。2店の立地特性と売場面積はほぼ同じで客数も似通っているので、これは地域格差などではない。

調査の結果、陳列量に格差があったのだ。A店の発注担当者はその商品導入時の陳列量を基準に不足分を機械的に発注していた。片やX店の担当者は補充時までに最低陳列量割れを起こしていることを発見し、販売量予測時に発注量を増やした。徐々に増やしていった結果、売場で1品大量陳列が目立ち、さらに売れて陳列量は当初の10倍になり、そのSBはマスアイテムに育ったのである。

社内ディストリビューターならこのような現象を店間格差の比較で見抜き、機会損失を防ぐことができる。同じ単品なのに売れている店と売れていない店があるのはおかしいのだ。競争相手が影響している場合もあるが、多くは陳列量の違いである。

一方、死に筋商品の摘発もできる。死に筋はどこの店でも売れていないからである。しかし、売れ筋も死に筋も陳列量格差の少ない棚割りの1店だけのPOSデータではその違いが分かりにくいのだ。

本格的な競争時代に突入した今日、1店1日100個以上、そして客数の1割以上に当たる250個以上売れるマスアイテムの育成が競争の武器になる。客が必ず使い続ける商品を持っていればEDLPでオペレーションコストを下げられ、それにつれて売価も低くできるのだ。さらにそれ目当てに客の来店頻度が増え、固定客で成立する店になれる。特売で集客するより確実である。

社内ディストリビューターの職務を果たすことで、日々売れ筋を育て死に筋を減らすための数量決定の技術を習得できる。バイヤーになるための必須コースとしてキャリアプログラムに組み込むべきである。

6. 商品構成の見直し

■販売量と陳列量の正比例化

チェーンストアらしい商品構成とは、売れ筋品目だけを選び、陳列量は販売量と正比例させることである。そのために売れ筋と死に筋の区別が必要である。現状はこの点があいまいだ。死に筋の定義は商品分類ごとの平均商品回転日数の1・5倍以上在庫している品目と陳列量である。従って平均商品回転日数が6日なら9日以上在庫している品目が死に筋である。また売れ筋品目でも在庫過多なら過剰分だけは死に筋となる。この定義を当てはめると死に筋は分かりやすい。

一方、売れ筋を見つけるのは簡単ではない。POSデータのトータルを見れば分かると考えがちだが、そんなに簡単なものではない。

先に述べたように、日本のSMの売場は適正規模が確保されていないうえに死に筋品目が多いから、売れ筋品目の必要陳列量が確保できない。だから死に筋も売れ筋も同じ扱いになる。フェイシング数も陳列量も大差がない。この状態では突出した売れ筋はできにくいから、POSデータに反映されないのだ。後方在庫を持っていても補充のタイミングが悪ければ機会損失を起こす。つまり販売量は陳列量に影響されるのである。

そこで売れ筋品目の候補を見つけるには1店のPOSデータだけでなく、数店、数十店分のデータを比較し、店間格差を見ることである。本当の売れ筋品目なら、どこかの店で大量に売れているはずなのだ。

売れ筋品目は多数の客が目的買いをする。だからこそ売場で目立ち、欲しい客に行き渡るように売れる数だけ陳列されていなければならないのである。

死に筋と売れ筋を区別したら次は整理に入るのだが、いきなり死に筋品目のすべてをカットすると売上高を減らすことになりかねない。そこで踏むべき手順は、①機能や味が重複する品目ならカットする。②しかし、曖昧なら残し、売価の高い方の陳列量を減らす。③それでも商品回転日数が回復しないならその品目をカットする。

④そこで空いた棚は売れ筋品目の陳列量を増やすことに使う。これなら死に筋品目が僅かに売れることで発生する売上高を売れ筋の拡大でカバーすることが可能になるのだ。

応急処置はこのように行うが、死に筋カットには落とし穴がある。カットするとまた別の死に筋品目が代わりに入り込んでくるのだ。これではいたちごっこだから、死に筋カットは売れ筋品目の陳列量拡大と同時並行で行い、新たな死に筋が入り込まないようにするのである。

■商品構成の再編

応急処置とは別に商品構成のゼロからの見直しが必要である。あるべきかたちを構築するにはユニットコントロールの技術を使う。

日本ではユニットコントロールを単品管理と翻訳するが、本来の意味は違っている。ユニットとは単位のことだから、どの単位を取り上げるかで成果が違ってくるのだ。単品は商品分類の最小単位なので、そこを問題にしても全体への影響は大きくならない。つまり成果は上がらない。そこでユニットコントロールは大きい分類の単位から着手しなければならないのである（図表19）。

商品分類の最大の単位は「部門」である。まずは現状の商品部門を本当に存続させる意味があるのか、または拡大中だから細分化する必要があるのか検討する。

例えば冷凍食品は多くのSM企業でグロサリーや日配に分類されている。しかし、核家族化と高齢化と女性の社会進出により需要が拡大し続けている。そして、技術革新のおかげで品種と品目が増え続けている。そこで意識の高いSM企業は冷凍食品を商品部門として独立させて

図表19　商品構成の区分

部門 ＜ 品種 ＜ 商品ライン ＜ 価格ライン ≦ 品目（アイテム） ≦ 単品（SKU）

いる。そのおかげで更なる強化が進んでいるのである。

また、肉部門の場合、生肉と加工肉の2つに部門分割することも売場の革新性を高める要因となる。この2つの分類は作業人時数のかけかたが違うのだ。前者はプリパッケージの店内加工をしている企業が未だに多い。しかし加工肉はグロサリーと同じで店内加工作業が不要なため、利益構造がまるで違うからである。

このようにコントロールしやすい体制をつくるために部門分割することも考えられるのだ。水産物部門なら丸ものと切り身と干物・魚卵は分けるべきである。作業コストがまったく異なるからである。

次が「品種」である。生肉なら牛肉、豚肉、鶏肉という従来の品種分類のほかに、需要の多いひき肉を品種として独立させることで競争対策が有利になり、寡占化できるかもしれない。

■ユニットコントロールの技術

品種の次は「商品ライン」である。品種グループをさらに価格帯別に分類するのである。そうすることで客のニーズがどこに集中しているかが分かるから、死に筋カットと売れ筋の強化がしやすくなるのだ。分け方は用途で決まる。ここで十分に時間をかけて扱うかどうかを検討する。

例えば生牛肉なら100グラム当たり①1000円以上の霜降り肉、②1000円未満700円以上の薄切り肉、③700円未満500円以上の薄切り肉、④500円未満300円以上の切り落としや薄切り肉、⑤300円未満100円以上の細切れ肉、⑥100円未満の屑肉に分けて売れ行きを調べると、どこに重点があるのか分かる。

実際には①のグループは死に筋、②のグループも大部分が死に筋だ。従ってカットしたほうが④や⑤のために売場面積を有効に使って強化でき、売れ筋が目立つエキサイティングな売場になるはずだ。

商品ラインの次が「価格ライン」、つまり売価の種類である。現状では価格ラインが多すぎる。仕入れ値に一定の値入率を上乗せして売価を決めているからだが、本来値入れは客がいくらなら買いたいかで決めるものである。だから価格ライン数は少なくなければならない。集約すれば重複品の整理がしやすくなり、売れ筋に集中できる。

最後は単品ではなく「品目」を問題にする。単品と品目は別の概念なのだ。1品目は3単品の場合もあるし1単品の場合もある。客にとって代替性があるかどうかで区別するのだ。1品目の内わけがAとBとCの3単品の場合、Aが欠品したらBとCを多く発注すれば欠品が避けられる。

かつて日本の流通業はどのフォーマットも品目管理をしていたのだが、POSシステムを導入してから最小単位の単品だけで商品を見るようになった。この点は改悪である。

正しいユニットコントロール手法で商品構成を再編すれば他社との差別化と消費者の人気を取り戻すことができる。時間をかけて取り組んで欲しい。

■変わり始めた日本の冷凍食品

日本の冷凍食品は、いまだに「水曜日半額」など曜日特売がマンネリ化している。だが一方で、先進企業は改革を進めている。とくにイオンとセブン‐イレブンなどのコンビニ勢が熱心に取り組んでいる。

イオンの新店は冷凍食品だけでリーチインの陳列線がアイスクリームも含めると65メートルある。それでもアメリカの半分ほどだが、品種と品目が増えるにつれて冷凍食品売場全体のパワーを発揮し始めている。他社に先駆けてＰＢ「トップバリュ　レディーミール」の開発を進めてきたことが功を奏しているのだ。2014年5月現在51品目で、大部分が298円の統一価格のためわかりやすい。さらなる低価格化が進めば一挙に普及するはずである。

セブン・イレブン（セブン&アイ・ホールディングス）も、PB「セブンプレミアム」の品目数を増やしている。この場合コンビニの1万7000店のパワーを十分に発揮できる。

冷凍食品の開発は相当の人手と時間がかかる。店でパート従業者が手づくりする総菜とは次元の違う技術と設備が必要になるのだ。面倒だからこそシステムを完成させれば競争の武器になるのである。

現状では日本人の約半数は冷凍食品を食べる習慣がない。あっても弁当のおかずにしか利用しない消費者がまだ多い。「冷凍食品はまずい」という既成概念があるのも事実である。

4兆円市場を確立するにはおいしくてヘルシーなメニュー開発と低価格化が決め手となるが、欧米の成功モデルがあるのでそれを学べば追いつけるはずである。

いまだに発展し続ける欧米の冷凍食品からは目を離せない。

7. マスアイテムの育成

■マスアイテムの定義

買上点数を高めるためのカギとなるのがマスアイテムである。マスアイテムの販売数量がさらに拡大し、別の品目がつぎつぎとマスアイテムに育てば、恒常的で非生産的な短期特価特売を止めやすくなる。客が定期的に購入する品目が確定し習慣づけば、特売の有無で買い物行動が左右されなくなるからである。

マスアイテムの定義は第1に、1店1日平均100個以上売れる品目である。SMなら多い店で100品目以上持っている。第2に、1店1日客数の1割以上が買う品目である。客数が平均2500人なら250個以上となる。ハードルが高くなるので、この条件では1品目も持っていないSMが多くなる。一方で、2桁のマスアイテムを持っているSMも存在するのである。

第2の条件に当てはまる正真正銘のマスアイテムを持っているSMは、買上点数が15点前後と平均の1・5倍になる。売上高を高めようと値段の高いものを扱うことや集客効果のある販促対策を考えるより、マスアイテムを育成するほうが確実である。固定客増加の条件になるからである。

1店1日100個なら100店で1万個になる。1日250個なら100店で2・5万個である。それらは年間365万個、そして約900万個のマスになる。1日100個でも300店あれば年間1100万個のマスアイテムになるのである。

マスアイテムは自然発生的には生まれにくい。意識して育てなければならないのだ。売場で品質が似通った類似品を数多く扱うと需要が分散して、どれもマスアイテムにはならない。加えて陳列数量不足ではマスになりようがない。

しかし、日本のSMは多品目少量陳列が好きだ。客の好みが多様化しているから、品目数は多いほうが有利だと考える。品目数が多ければ多いほど、他社にない特別な品目が多いほど売上高が高まると歓迎する。

ところが実際には客は店で買うものが決まっていて、それがあるからその店に繰り返し出かけて行く。変ったものがいろいろあるからではなく、マスアイテムがあるからである。

マスアイテムを育成するために最も有効な手段は売価の引き下げである。どのカテゴリーでも販売数量が最大の品目は最低価格の商品である。マス化するためには売価の引き下げが絶対条件になる。

■マスアイテムの条件

マスになる商品は常に誰もが見慣れ、使い慣れたくらしに密着した大衆品、実用品、つまりベーシックアイテムである。客層が広く、購買頻度が高く、売価がポピュラー（人気のある）プライスだからマスになる。

ベーシックアイテムはSMなら最優先で品ぞろえし、日本型スーパーストアでもコンビニエンスストアでも売っている。それほど客層が広くて需要が多いからである。

従ってマス化の対象となるのだが、SM各社はこの商品群をあまり重視していない。これまで長年扱っているから仕入れ先が固定化していて、どこにでも売っているからと品質の革新がない。つまりバイヤーがベーシックアイテムの仕入れにまったく時間をかけていないのだ。

逆に仕入れに時間をかけているのは売れるかどうか判らないトレンド品や新商品、売れて欲しいという願望が詰まった高級品である。残念ながらそれらは高い確率で死に筋になる。

現状ではバイヤーの仕入れにかける時間配分が間違っているため、死に筋商品が増える。需要が多いからと、品質の違いが明確でない類似品目を増やす場合もある。ブランド名と売価が異なる重複品目で棚が埋まり、売れ筋がわからない売場になっているのだ。そのため本当の売れ筋は最低陳列量を割り実質欠品しているのだが、誰も気がつかない。これではマスアイテムが育つはずがない。

選択肢は必要だが、多すぎるとかえって選びにくくなる。売価が同じで用途や見かけや味の異なる3品目が揃うことで比較購買ができるのだ。1品目ごとに仕入れ値は違うはずだから売価を同じにするには値入率は変えねばならない。客がいくらなら喜んで買ってくれるかが原点である。そこから売価が決まり、値入率が逆算される。

同じ売価なら必要か不要か、好きか嫌いかだけで品選びができる。売価が異なるとその違いも考慮しなければならず、検討項目が一挙に増え思考が複雑になる。客にとってはストレスになるだけで不親切な品ぞろえだ。

バイヤーはマス化の可能性が高いベーシックアイテムの仕入れにこそ時間をかけるべきである。多くの客が頻繁に使う品こそより安く、より使いやすく、より楽しく、おいしくしなければならない。

■マスアイテムの事例

マス化するためには売れるだけの在庫が確保されていなければならない。

ところが先に述べたように、売れ筋こそ欠品しやすいのである。需要が集中するから陳列量が少ないと欠品する。さらに売れ筋ほど市場で取り合いになるから調達しにくく、追加仕入れができない。そこで異なる品質と売価の類似品で売れ筋の不足分をカバーしようと考えるのだが、ベーシックアイテムはどこにでも売っているから、欲しいものが欠品しているなら客は他社で買うだけである。その結果店は大事な固定客を失うことになる。

現場作業の人時数を減らすためにもマスアイテムが重要な位置付けとなる。自然に売れてゆくから次の補充までの期間に売れる数量の推算が可能で、その数量だけを売場に確保していれば機会損失が避けられる。同時に、頻繁な補充作業にかける人時数の削減にも貢献するのだ。

図表20と21は日本リテイリングセンターが独自に調査したマスアイテムの事例である。

A社の「もやし」は客数の約2割の600個が毎日売れている。朝1回の補充だから冷蔵の陳列ケースには600個プラスαのもやしが大量陳列されている。A社の固定客はもやしを買うことに決めている。だから必ずA社に買い物に来るのである。

もちろんA社は他にもマスアイテムを持っていて、客はもやしだけでなく目的買いの品を追いかけながら売場を回り、その間についで買いをするから買上点数が増える。その結果、A社は客にとってなくてはならない、他店では代行できない貴重な店になっているのである。

B社の牛乳は1日450本売れるマスアイテムである。これも客が目的買いする商品だ。もちろん1人が2~3本複数で購入する場合もある。F社は繁盛店が多いので客数が多く、コロッケは1日1店約400個売れる総菜売場のマスアイテムである。

これらはすべてだれもが使い慣れ、食べ慣れたたベーシックアイテムである。だからこそ他

図表20　売れ筋品目の買上率の上位事例

フォーマット	企業	買上率	品目名
食品・飲料	Ⓐ社	19.9％	もやし
	Ⓑ社	15.2％	牛乳
	Ⓒ社	12.5％	緑茶（500mℓ）
	Ⓓ社	12.2％	バナナ
	Ⓔ社	11.0％	ミネラルウォーター（2ℓ）
	Ⓕ社	10.7％	コロッケ
	Ⓖ社	10.2％	うどん
日用消耗品	Ⓗ社	7.6％	ティッシュ（5箱パック）
	Ⓘ社	6.5％	衣料用洗剤
	Ⓙ社	5.9％	軍手（1ダース）
	Ⓚ社	5.4％	食品ラップ
	Ⓛ社	5.2％	トイレットペーパー（18ロール）

註　　買上率＝販売数÷客数
資料：日本リテイリングセンター調べ（2011年）

図表21　各社の売れ筋品目の事例

食品（客の1割以上が購入する品目）			
青果	❶もやし	青果	❶さんま
	❷きゅうり		❷鮭（切り身）
	❸ホウレンソウ	日配	❶うどん（玉）
	❹バナナ		❷豆腐
総菜	●コロッケ	デイリー	❶卵
			❷牛乳
非食品（ドラッグストアでは客の1割、ホームセンターでは5％以上が購入する品目）			
非食品	❶ティッシュ		
	❷衣料用洗剤		
	❸食品ラップ		

資料：日本リテイリングセンター調べ（2011年）

社との差別化のポイントになる。

自社のマスアイテムを調べてみよう。まずは1店1日100個以上売れるものをリストアップする。さらにその中から客数の1割以上の数量を記録する品目を探すのだ。

それらを自社のマスアイテムとして拡大するために、プロジェクトをスタートさせて欲しい。成長対策として時間とコストをかける意義のあるテーマである。

■マスアイテムの育て方

少量では仕入れ値は低くならないが、マスになれば下げられる。売価の問題だけでなく、欠品のない安定供給と店数増加分の数量確保のためには通常の仕入れ方法では不可能である。マスに対応できる仕入れ先を探さねばならない。そこで取引方法が大きく変わり、これまでできなかった売価の引き下げが一挙に進むことになるのだ。

NB品ならその中の売れ筋ブランドに集中し、似通った品質のその他のブランドと同一ブランドの異品目をその品種グループから排除する。そうすることで売れ筋NB品目に購買力を集中させ、数量を増やすのだ。メーカーまたはベンダーとは年間取引契約で有利な条件で取引する。それができなければ品質が似通った他のNBに乗り換える。品質が同じなら客は値段が安いほうを選ぶからである。

他社も扱うＮＢだが、年間数量契約と販促費の確保で原価が違ってくる。だからマスのご利益を生み出す取引方法に変えなければならないのだ。あらゆるＮＢを平均的に扱うこれまでの品揃えでは、売価を下げることはできないのである。

次の段階は知名度の低いＬＢメーカーを発掘することだ。品質のトレードオフと年間数量契約をすることで売価をＮＢより３割以上低くできる。低価格化と安定供給を両立させ、マスアイテムに育てるのである。

その後は徐々に自社開発品のＳＢまたはＰＢ品に乗り換える。そうすることで更なる売価引き下げが可能になり、マス化のレベルが引き上げられるのだ。

自社開発品の長所は低価格化と同時に荒利益率が高まることである。薄利多売ではなく高利多売になる。だから他社を意識して競争価格を打ち出さねばならないＮＢの値入率を低くしても、ＳＢとＰＢがカバーしてくれるのだ。

ＳＢとＰＢがマスアイテムに育つと、それは強力な競争の武器になる。他社にはないスペシャルティがあるからだ。客にそれらを使い続ける習慣が身に付くと、固定客になるのである。

客にマスアイテムを強調するための重点販売計画も必要である。売上高に注目するよりマスアイテムの販売数量に注目し、より効果的なプレゼンテーション手法を取り入れて欲しい。そうすることで売場がエキサイティングになるのである。

8. 多店化の推進

■多店化の原理

企業にとって売上高規模の拡大は、経営を有利に進めるための重要な条件となる。人材と資金の調達がしやすくなり、ベンダーからの協力も得やすくなるからである。そのために数百億、数千億への規模の拡大を他社に先駆けて実現しなければならない。

そこで日本のSM企業では店長からパートまで、現場の従業者は日々狭くて曲がりくねった店の通路をかけずり回り、売る努力をすることで企業の売上高が向上すると会社全体が思い込んでいる。企業は店長に売上高予算を課し、その達成率で評価する。店長に経営者がするような重要な決定事項を任せる支店経営方式をとっているのだ。

ところが、この方法ではどんなに努力しても売上高は1割も向上するかどうか疑問である。

一方、チェーンストア経営方式では売上高の増加は売場面積の増加で決まると考える。予定された経営効率が確保できると証明された条件が揃った立地に、適正規模の売場と効率のよいレイアウトの標準化された店舗を数多くつくることで売上高規模は自然に増加すると考えるのである。

従ってチェーンストアは店長に売上高責任を負わせていない。営業利益高が彼らの責任で高めるべき数値である。売上高の確保は1店当たりが広い面積を確保した店数の増加による総売場面積で決まるから、店舗開発の責任なのである。

もしも新店の売上高が不足なら、店舗開発が立地選定を誤ったことになる。商圏人口と交通の便利さ、入居するSCの集積状況、競争関係などの条件が適切でなかったことになる。また、数年たった店舗の業績が新たに発生した競争などで悪化した場合、回復見込みがなければスクラップするので店長が売上高を心配することはない。

実際に客が来るか来ないかは〝業態〟の便利さで決まるものだ。道路状況、公道からの誘導のしやすさ、SCのタイプ、駐車場の便利さ、適正規模の確保、広い通路と天井の広々とした売場、商品部門構成の適切さなどである。業態とは商品の提供方法のことで、それが便利なら繰り返し客は来店するが、不便なら2度と来てくれない。そこで提供する商品のバリュー評価以前に、業態の便利さで客数が決まるのである。だから売上高は店長ではなく、店舗開発の問題なのである。

これまで大手に成長した日本型スーパーストア、ホームセンター、ドラッグストア、スーパーストア化した新型の専門店などは、店舗開発が強かったのだ。政府による出店規制が長年継続しているにもかかわらず、難関を突破して大型店を出店し続けたから企業規模を急速に拡大することができたのである。

■多店化のために必要な人材

その中で日本のSMは規模拡大の速度が遅い。ビッグストア企業の1社当たり店数平均は33店しかないのだ。その中でも3桁の店数に拡大したSM企業は店舗開発が強かったのだ。

食品は購買頻度が高いため1店当たりの客数が多く、商圏人口3万人前後の小商圏で成立する。だから店数が増やしやすいはずなのにそうなっていないのは、店舗開発が弱いからである。だから食品売上高ランキングではコンビニエンスストアと日本型スーパーストアに負けるのである。

アメリカなら食品フォーマットは全チェーンストアの売上高ランキングの上位を占め、いずれの企業も標準化した店数4桁の本格的なチェーンストアである。小商圏で成立するフォーマットだからこそ、ドミナントエリアを形成しつつ店数を増やしてきた。そのために規模拡大ができたのである。

日本のSM企業の多くが店数を増やせないのは①人材不足と②資金不足が原因である。

人材不足は第1に、店舗開発要員の不足である。この点ではより大型店をつくってきた他フォーマット、日本型スーパーストアやホームセンターのほうがはるかにレベルは上である。

出店規制の条件を満たすためにあらゆる努力を積み重ねている。ところがＳＭは規制に引っ掛からないような小型店をつくることで、面倒な挑戦から逃げている企業が多いのだ。

教育費のかけ方もＳＭのレベルは低い。他フォーマットの方が社員教育に費用をかけていることは確かである。

これとは別に日本のＳＭの店内作業が複雑すぎるゆえに、勤続年数の長いベテランでないと店長が務まらないことも店数が増やしにくい原因である。

従って日本のＳＭ企業が多店化するにはまず店舗開発の人材を強化すべきである。ＳＭ企業の多くは同じ欠点を持っているため、広い面積の多店化能力の高い他フォーマットの店舗開発経験者を採用すべきなのだ。常勤でなくても歩合制の非常勤でもよい。

次に店舗の作業体系を単純化しなければならない。現状の人海戦術方式をそのままにして多店化したら、店舗運営ができなくなるからだ。そのためには本部機能の強化と商品加工と物流のセンター化が不可欠である。それができればベテランでなくとも店長が務まるし、店段階の総人時数は現状の2分の1から3分の1に減らすことができる。

本部にはこのオペレーションの仕組みを構築できる人材が必要である。店舗とセンターの現場作業を熟知し、チェーンストア理論を学び、あるべき形を理解した人材が本部で営業・業務システムのすべてを設計するのである。加えて商品部の強化も必要となる。多店化するには売れ筋商品の調達ルート開発が不可欠だからである。

これらのチェーンストア・システム構築を担う少数の幹部候補生にこそ、集中的に教育費を投入すべきである。

出店のための資金を確保するためには、既存店舗の収益性が高くなければならない。借入をするにも企業の収益性が審査の基準になるのである。だからこそ赤字店と赤字部門を放置してはならないのだ。

赤字店はスクラップするしかない。売場面積不足や業態の不便さで客の人気が低下しているのだから、回復の見込みがないはずだ。もっと有利な立地に適正規模を確保して新店をつくったほうが得策である。

それ以前に部門別の収益が分かっていないないＳＭ企業が日本には多い。売上高は押さえていても支出が分かっていないないのだ。

これでは店数を増やすことはできない。チェーンストアは店が1店増えるごとに企業規模と収益性が高まる仕組みである。既存店でその体制を整えることが先である。

このテーマに取り組むプロジェクトチームを編成する。エリアごと、店ごと、部門ごとの収支を正確に把握し、収益モデルを確立することが任務である。そこに有能な人材を投入し、研究開発予算を与えることこそ緊急の課題である。

■ドミナントエリアづくり

オーバーストア時代に突入した今日、競争に勝つためには多店化の仕方が問題である。チェーンストアは自社店舗の商圏が隣接するほどに集中出店してドミナントエリアをつくることが原則である。他社が割り込めない地域を1つ1つ確立するのである。

同じ30店でも自社店舗同士の商圏が隣接したじゅうたん爆撃的出店の30店と、他社が入り混じった分散出店の30店とではパワーが違う。ドミナントエリアを形成する30店の方が広告効果、物流効率、センターでの集中作業、客の知名度などの点で分散出店と較べて遥かに有利なのである。従って競争に強くなる。

本格的な競争時代に突入した今日、堅固だったはずのドミナントエリアも同業他社と他フォーマットの侵略を許し、赤字店の増加で虫食い状態になっているはずだ。10年単位でドミナントエリアは崩壊すると考えねばならないのだ。

競争に勝つためには、ドミナントエリア形成を前提にした合併や提携も必要となるだろう。教育レベルと企業文化の異なる企業同士の面倒な合体は苦渋の選択だが、挑戦しなければ未来は開けない。

新たな商勢圏への進出はドミナントエリア形成を前提としなければならない。そこにはDCまたはTC、そしてPCとコミッサリーが先に建設されるべきである。店は予め計画した立地に優先順位を決めて順番に開店する。それがチェーンストアの多店化の手順である。

混沌とした日本のＳＭ業界で勝者となるには最良の状態を突き詰めた原型（プロトタイプ店舗）を科学的に創造し、標準化した店舗を多店化することなのである。それは同時に日本国民の食生活の向上に繋がるはずである。

9. 収益モデルづくり

■収益モデルの条件

赤字店と赤字部門の増加は標準化対策の遅れでもある。これまでは出たとこ勝負で出店してきたから、立地特性も駐車台数も売場面積も店舗レイアウトも店ごとに違い、従って効率数値も店ごとにまちまちである。原因が異なるのだから、結果が異なるのは当然である。しかも年々その差が広がっている。

つまり何が一番良い状態や方法なのか分からないまま、妥協の産物として赤字店を増やしていることになる。

赤字店と赤字部門の応急処置対策はそれぞれ違ってくるが、根本対策は収益モデルを確立し、それと同じかたちに標準化を進めることである。そうすれば店ごとの効率数値も良い方向に標準化されることになるのだ。

そのためには既存店の中からモデルとなる店舗を見つけることだ。その店を土台に、チェーン化の標準モデル店舗、つまりプロトタイプをつくる。全体の底上げをしたければ全員にスローガンを訴えることよりも、実例のモデルを明示するほうが効果的である。

しかし繁盛店はいくら収益性が高くてもモデルにならない。特殊な好条件が重なった結果として売場販売効率が高いため、他の店には真似ができないからである。さらにモデル選定の評価尺度は売上高であってはならない。収益性が評価の尺度でなければならない。

モデルの基本条件は第1に、標準的な売場販売効率であること。第2に、全部門黒字であること、または赤字部門が少ないことである。第3に売場面積規模が狭すぎず、広すぎず平均的であること。これらの条件に合った店舗を既存店の中から選ぶのだ。その店で収益確保のためのあらゆる手段を実験し、モデルを完成させるのである。

収益モデルづくりはコストコントロールに挑戦することでもある。現在の売上高を前提とし、どの経費を節減して収益を確保するのか、調査と実験を繰り返す。それが収益モデルづくりである。

■投資方法のモデル

投資方法についても標準化する。投資のしかたで収益の優劣が決定づけられる場合は多いのである。

大都市の人口密集地帯に出店すると客数が多そうだが、不動産コストはそれ以上に高くつく。３倍の不動産コストをかけても売上高は２倍にならないのだ。だとしたら郊外に３店つくった方が売上高は３倍になるから効率が良い。

最近、郊外店舗飽和説が目立つ。だから無店地帯の東京23区内に出店したくなるのだが、小型店や特殊な条件でないかぎり投資額の多さで損益分岐点が高まり赤字になる。そのため郊外で競争力を高めた方が有利なのである。

確かに郊外はオーバーストアだが、客にとって本当に便利で楽しいＳＳＭはまだない。アメリカのチェーンと比較すればそれが実感できる。努力の方向が違っているのである。

有利な投資の法則性を見出すために、全店の不動産コストの内わけをリストにする。それを赤字店と黒字店に分類し、条件を比較すれば収益性を確保しながら支払える投資額が算出できるのだ。それを越したら投資してはならないのである。

投資のミスがあるとその店が閉店するまで店長初め、店の従業者のすべてが苦労し続けることになる。売上高不足を補うために工夫を凝らし続けなければならないが、店段階の努力ではかけた人件費コスト以上の効果は期待できず、かえって逆効果になることが多い。この場合、売上高不足ではなく投資額の多さが収益性悪化の原因なのである。

投資額が低ければ大して売れなくても収益が確保できる。補充や発注の頻度も低くてすむから、オペレーションコストも低く抑えられる。つまり「売れなくても儲かる」チェーンストアとして理想的な店ができるのである。

投資の決定に関しては関係者が少ない。店舗開発と財務とトップの3者だけなのだ。その少ない関係者が意識を転換すれば、下手な投資が避けられる。だから収益モデルづくりの最初の課題になるのである。

もうひとつ重要な投資のポイントは、ショッピングセンターへの入居である。5年後、10年後対策として、不可欠な出店条件である。

■ローコストオペレーションの仕組み

次のコストコントロールの課題はローコストオペレーション対策である。SMの場合、人件費が経費の半分以上を占めるので改革に取り組む意味は大きい。

売上高と荒利益高は現状のままでも、ローコストオペレーションの仕組みができれば収益が適切に確保できる。そのモデルをつくって証明すべきなのである。

そのためにはどんな種類の作業に時給いくらの従業者が何時間かけているのか、実態を調べることから始めなければならない。人件費が1番コスト高についているにもかかわらず、調べていない企業がほとんどなのである。

調べにくいのは店に義務付けられている作業種類が多すぎるからである。あれもこれも、できればこれもと、本来なら本部やセンターで行うべき作業を店側にどんどん押しつけた結果、どの作業にいくらの人件費コストがかかっているのか分からないだけでなく、調べにくくもしてしまったのだ。

店で行う作業種類が増えたことで、多くのＳＭ企業は長年勤務している慣れたパート従業者を重宝がる。時給は１２００〜１５００円と高いのだが、彼らが毎日実行している作業の８割は今日来たばかりの時給８００円の新人パートでもできることである。人時数にしてたった２割の訓練が必要な作業のために、残りの８割のだれでもできる作業に高い人件費を支払っていることを反省すべきである。

つまり、現状では時給と作業内容が比例していないのである。それは店内作業を難易度別に分類せず、商品部門ごとに社員やパート従業者に包括委任しているからである。

本来なら店長が作業難易度別に作業割り当てと稼働計画をつくるべきなのだ。ところが店長は方法の指定がないままに売上高を高めることを義務づけられているために、そちらが優先される。ローコストオペレーション対策は後回しになるのである。

仕組みづくりは店ごとに別々に行うのではなく、本部の仕事である。業務システムの構築が遅れているため精鋭を動員してプロジェクトチームを編成し、専任で当たらせる。そこではまず、店で行っている作業を①やめるか、②本部やセンターに吸収するか決める。

しかし、現状の膨大な作業種類を残したまま改革しようとしても人時数は減らない。店に残す作業は店でしかできない作業に限るべきなのだ。極端にいえば商品補充とレジと掃除だけが残るくらいにしたい。その結果、作業割り当てと稼働計画のパターンをつくり、店長は時給に見合った人名を記入すればよいのだ。

■基準値の設定

投資効率の向上とローコストオペレーションの仕組みづくりが収益性確保の決め手になるが、このほかにもさまざまな実験の過程で最適な状態を1つずつ決めてゆく。その蓄積で収益モデルが創造されるのである。

内容は商品部門ごとの最適面積、商品構成（価格帯、プライスポイント、品目数）、棚割り、売場レイアウト、後方レイアウト、商品プレゼンテーション手法などである。

その実験の過程で基準値も確定する。商品部門ごと1坪当たり売上高、在庫高、荒利益高、営業利益高などである。店舗と仕組みが標準化されれば、結果はこれらの基準値に近似するはずである。

ほかには荒利益率、作業コストとして人時生産性と労働分配率、物件ごとの投資額（保証金・敷金・購入額）と毎月負担額（支払いリース関連費）がある。

日本のSM企業はこれまで高い売場販売効率に支えられて、コストを考慮しなくても利益が出ていたのだ。しかし、オーバーストア現象と他フォーマットからの侵略で売場販売効率が低下し、そうはいかなくなった。

すでにスタートした本格的競争の時代に生き残るためには、今こそ収益モデルの確立が不可欠なのである。

第5章

新・SM革命における「店舗づくり」

Supermarket

1. プロトタイプ店の設計

■目指すは「売れなくても儲かる店」

日本のSMは1店ごとに敷地面積、売場面積、店内レイアウト、棚割り、後方（バックヤード）設計などがまちまちである。これでは、あらゆることについて個店対応せざるを得ず、そのために生産性が低くなる。だから店も作業も物流も品揃えも最適な状態に標準化したコンビニエンスストアに負ける。

競争に勝ち残るためには、あらゆる角度から最適を突き詰めた標準化のモデルとなる「プロトタイプ」の確立が急がれる（図表22）。

プロトタイプとは「原型」という意味である。その原型に合わせて同じ店を計画的に増やすのだ。チェーンストア経営システムは店数を増やすことでご利益を得る仕組みである。従って店数は楽に増やさねばならない。

1店だけ、しかも人為的な努力でつくる最適な状態は、他店では通用しない。支店経営方式において最適であることが、チェーンストアにとっての最適な状態とはならないのだ。

チェーン化における最適は、どの店でも共通に現場従業者の特別な努力なしにできる最適で

図表22　プロトタイプづくりの検討項目

❶	商圏人口の確定	
❷	立地	
❸	駐車場設計	
❹	外装・内装	店舗イメージの飛躍的向上
❺	後方設計――機械・設備の配置	荷受けドック、物流機器、ゴミ処理施設、段ボールコンプレッサーなど
❻	商品管理の場と売場との連携――商品加工作業はセンターに集約	冷蔵・冷凍・成果・対面など
❼	事務所と休憩室と学習室の位置	最新型はレジ前または上
❽	商品構成	ライン・ロビングとTPOS分類
❾	店内レイアウト	出入口の位置、主通路設定、ゾーニング、部門構成、陳列線の長さ、シーゾナル売場
❿	プレゼンテーション	磁石売場、店内サイン、指示書の作成
⓫	陳列器具	幅、高さ、奥行きを商品に合わせる
⓬	作業人時数、作業割り当てと稼働計画の標準化	
⓭	作業マニュアルの完全化	低時給の人が説明を受けなくてもできる環境＝ハードの整備が先
⓮	大型商品の引渡し口	FSは“to go”の受付と引渡し口
⓯	レジの構造	サッキング・サービスが前提
⓰	物流対策	後方在庫はゼロ

なければならない。

プロトタイプは10年でつくり替えるのが常である。

商品政策においては、自社の数値や競争関係の変化、客の暮らし方や買物行動の変化に応じて検討し直し、廃止する、または拡大する部門や分類を決め、売場面積を再配分する。ステープル（13週以上扱う商品）として扱っていた効率の悪い非食品を、シーゾナル（13週未満の短期間の取り扱い商品）に変更する場合もある。

店舗設備に関しては、作業人時数が少なくて済む前進立体陳列が自動的にできる新型陳列器具を導入したり、新たな物流システムを取り入れて後方設計をし直したりする。

それは単に古い店をきれいに改装するだけではなく、最新のテクノロジーを導入し、売場販売効率を高め、ローコストオペレーションの業務システム改革につながる大幅な変更である。

プロトタイプができたら新店はそれとそっくり同じにし、古いタイプの既存店は影響力の大きいところから新型に改造する。その結果、店舗の平均年齢が5～8年になり、既存店売上高増加率が年間数パーセントずつ上昇することになるのである。

日本のSMが競争に勝ち残るためにはプロトタイプをつくり、それに合わせて既存店舗をスクラップ&ビルドしなければならない。このまま本部と店の両方で個店対応が続けば、コスト高で利益が出せなくなるのだ。まして標準化の遅れによるハイコストをカバーするだけの売上高の上昇は望むべくもない。

チェーンストアがめざすものは「売れなくても儲かる店」である。高い売上高を期待しなければ店数は増やしやすくなるので、それを前提に経費をコントロールするのだ。そのためには店舗の物理的な条件を整えねばならない。ローコストオペレーションの成否は店づくりで決まるのである。

プロトタイプは売る努力をしなくても確実に収益が確保できる「収益モデル店」でなければならない。条件を一つひとつ検討し直しプロトタイプを完成させることこそが、日本のSMが最も遅れている標準化対策を一挙に推し進める原動力となるはずである。

■課題は標準化対策

日本のSM業界において、現在のように各店舗がまちまちになった背景には、いくつかの理由がある。

まず、新店の売場面積、店の縦横の寸法、後方の位置、駐車場の位置と広さなどの重要な決定事項は、実際には不動産業者が持ってきた敷地が前提となっていることだ。

しかし、本来なら売場面積は客が必要とする品揃えと自社の商品力で決められるべきなのだ。それが売場の適正規模である。店の縦横の寸法とレイアウト、部門構成は、ワンウェイコントロール（客を店側の意図どおりに誘導すること）の条件で決めることだ。

また、店舗規模や条件に加えて内装や陳列器具までが店によってまちまちなのは、歴代の店舗開発部長の好みで新店をつくるたびに新しいアイデアを導入したためである。そのときに流行の内装デザインや新型陳列器具を導入し同業他社の実験を真似ることもあったはずだ。

これも本来なら、商品を引き立てるためにどのような内装や照明にすればよいのか突き詰め、陳列器具も商品が最も立派に見え陳列や陳列整理に人時数がかからないものを選ぶべきだったのだ。

つまり日本のＳＭの既存店の現状は、最適な条件が突き詰められたわけではなく、品揃えや作業や物流などの関連を考えずに、偶然目の前にあった選択肢からそのつどばらばらに選んだものなのだ。

その結果、客数も経営効率も店ごとにまちまちになる。数値が悪ければ店長のせいにするが、誰が店長になろうと店の物理的条件が変わらないかぎり数値は好転しないのである。

プロトタイプづくりは①商品構成上、②業務システム上、③投資効率上の適正規模と店舗構造が最も効率のよい状態になるように、細部まで条件を突き詰めるのだ。その結果どの店も同じように最高の効果が得られ、しかも継続できる状態にできるのである。

約10年ごとに刷新されるプロトタイプは、革新的でなければならない。収益モデルの要は店舗オペレーションが楽になることである。そのためには店内作業の多くを店でやらずにセンターでまとめて実行することは当然である。センターなら先進機器を使って大量に効率よく処理できるのだ。

物流は自社で開発したものに限る。後方在庫なしで店に届いた商品はすべて売場に直行させる。そのため後方は広くとる必要がなくなり、そのぶん売場面積を拡大できる。後方にあるのは店内作業と物流のための機械、設備であり、在庫ではない。

日本のＳＭの後方が店舗面積の４～５割にもなるのに比べ、アメリカでは２割弱なのは後方で行う商品加工作業がなく、在庫置き場も不要だからである。

■実験と検証を繰り返す

プロトタイプはすべての部署が職務の範囲内で改革案を出し、プロジェクトチームがそれらを組み合わせて具体化する。これをしないで店舗開発が物理的条件を決めるから、後から使いにくくなるのだ。

各部署の利害が相反する場合もあるので、関係者全員で討論する。それでも結論が出ない場合はプロジェクトチームが全社的立場で調整する。

新たな解決策は既存店数店に分けて部分実験をし、結論を出す。

たとえば掃除が楽にできる床材の実験は、客数の多い1店で、売場の中でも通行客数が多い通路を選んで床を複数の床材に張り替えて実験する。数メートル単位で床の材質が変わるわけだが、なるべく似通った色を選んで見栄えが悪くならないようにする。その結果、最良のものが一目瞭然となる。

陳列器具の決定は分類のし直しと棚割りの標準化が前提である。これまでの分類は1980年代から同じで、ベンダーの都合で決まっていることが多いのだ。それを客が使う、買う立場から再編集する必要がある。

販売数量と陳列量を正比例させ、数量を確定して棚割りを標準化してから、陳列器具の形態と幅と高さと奥行きを決める。死に筋商品を棚に残したまま、売れ筋商品の陳列量不足の状態では、新たな陳列器具を選べない。

紙製品など販売数量の多い品種は、補充頻度を下げるために多くの陳列量を確保したい。そのためには棚の奥行きを深くする。欧米には奥行き1・2メートルの棚を部分使用しているチェーンもある。

一方、陳列量が少ないキッチン用品などは、必要以上の在庫を持ちたくないので棚の奥行きを浅くする。ペガブル（吊り下げ）陳列の壁面をジグで前進させるのだ。そうすることで表面は並びの商品群と一直線に揃えながら、陳列量を少なく抑えることができるのだ。

商品分類ごとのゾーニングは業務システムと連動させることが条件である。ビールのケース販売や紙おむつの大型パック、大容量のペットの餌など重くて大きいものは後方と売場を連動させて店内物流の距離を縮める。

店内レイアウトが決まったら内装と照明が決まる。内装はシンプルなほうが商品が引き立つ。さらに商品をよりよく見せるためにクリーンなイメージにしたい。その点で日本のＳＭは装飾過多である。

照明は全体が明るすぎてはいけない。レイアウト上、「磁石」効果を表したい部分にはスポット照明を設置するので、その効果が十分発揮できる低い照度にすることだ。

いずれも既存店で実験し、よい結果が出るまで修正しながら実験を繰り返す。結果が出たらそれらを総合して新店をつくるのだが、新たな立地ではなく既存店の近距離移転の店舗が望ましい。旧店と新店とのデータを比較しやすいからである。

こうして店舗のあらゆる部分に収益性向上を実現する手法を取り入れることで、確実に利益が確保できるプロトタイプをつくるのだ。

１店ごと個店対応の低生産性から脱却することこそ、本格的な競争に勝ち残る王道である。

2. ショッピングセンターへの出店

■ネイバーフッド型SCの核店として

SMは数多くの小売業フォーマットの中で、最も来店頻度の高いフォーマットの1つである。2・5～3・5万人ほどの小商圏で成立するため、店数の増やし方で大企業に成長する可能性が大きい。最もチェーン化に向いたフォーマットである。

アメリカの場合なら小売業だけでなくフードサービス業も含めた流通業の売上高ランキングの上位30社中4社がSM企業で、チェーンストア業界最大の勢力なのである。

ところが日本ではこの高頻度来店フォーマットの規模が小さい。上位30位までにSM企業は3社のみでしかも下位にあり、大チェーンが育っていないのである。

SM企業が本来の力を発揮するためには、適正規模を確保した標準店の商圏を隣接させながら隙間なく埋めたドミナントエリアを数多くつくらねばならない。

そして、その1つ1つの店舗は客にとって来店が便利でなければならない。現状は決して便利でないために、より小型のコンビニエンスストアに消費者の需要を侵略されているのだ。

まず客数を左右する条件が「業態」である。どのような商品を扱おうと、まずは物理的条件を便利にすることで客の人気が確保できるのだ。そのあとで商品が問題になる。

業態の最優先課題は「立地」である。消費者の居住地域に近く、乗用車でアクセスしやすい道路事情であることだ。公道から店の敷地に入りやすいことも重要な条件である。それで客数が決まって来る。

新たな課題はSC（ショッピングセンター）への入居である。小商圏で成立するから入居するSCのタイプは小型のNSC（ネイバーフッド型）になる。

アメリカではSMはほぼ例外なくSCに入居している。NSCは敷地面積が1万坪前後の小型でオープンエア型のSCだ。全米に約3万2300カ所存在し、SCカ所数の70％を占める主流である。消費者にとっては隣近所のどこにでもあるからネイバーフッドという名がついている。

核店は売場800〜1200坪のSSMである。第2核がスーパードラッグストアかバラエティストア（ワンプライスストアも）で、健康美容関連商品（HBA）と非食消耗品を扱う。そこでも購買頻度の高い食品だけはついで買い用として扱う。

他にもサブテナントが複数入居するが、すべて3・5万人未満の商圏人口で成立する小商圏フォーマットばかりである。

3万2300カ所もあるとSC同士の競争になるから、1回のSC訪問で多くのフォーマットを利用してもらえるように、入居するテナント同士の商品レベルの統一が図られているのである。つまり買い物やサービスの動機と頻度が似通ったフォーマットを集めているのだ。

■NSCのテナント構成

日本でもオープンエア型の中・小型SCが1800カ所ほどつくられていると推測される。本格的な競争時代に備えて、SCへの入居をSMの出店条件としなければならない。日本ではまだフリースタンディングの店舗が多いからこそ、SCへの入居が競争の武器となるのだ。

NSCの敷地面積は1万坪ほど欲しいのだが、現状ではそれには至らず7000坪前後のものが多い。それでもフリースタンディングの店舗に比べれば便利さは格段と向上する。

図表23がNSCの標準型だが、核店もサブテナントもすべてが駐車場に面していることがオープンエア型SCの特徴である。客は店のまん前に駐車して用事を果たし、次の店へとSC内を車で移動する。買い物には荷物が付きまとうから、そのつど車に積み込み、次の店では手ぶらで買い物することができるのだ。

敷地面積が5000坪ほどと狭いのに家賃収入欲しさに平置き駐車場を減らして店舗面積を広く確保し、駐車場を屋上に持ってくるSCがあるが、この手法は客にとって不便である。N

図表23　日本のNSC事例：イオンタウン姫路別所

所在地	兵庫県姫路市(市人口:53.6万人)	**駐車場**	320台(1台あたりリース面積:6.6坪)
オープン	2008年10月	**商圏人口**	3万人
敷地面積	6,438坪(総リース面積 :2,135坪)	**開発**	マックスバリュ西日本

資料:日本リテイリングセンター作成

ＳＣは店の前に駐車場が広がっているからこそＳＣの敷地に入りやすいし、買い物が便利になるのである。

先に述べたようにサブテナントの種類は、購買頻度や使用頻度が核店と同じであることが条件だが、小売業ならベーカリー、菓子店、酒屋や花屋、メガネ専門店などである。衣料店が入居するならプライスポイントが１０００円未満の衣料スーパーである。

これとは別にサービス業が数多く必要である。クリーニング店、美容院、ビジネスセンター、携帯電話サービス、不動産斡旋業、旅行代理店、会計事務所、オートサービス、各種修理業、歯医者、ペット医院など大都市近郊の私鉄沿線駅前商店街にあるような暮らしに密着したサービス業である。

他にフードサービス業が不可欠だ。特に持ち帰りもできるファストフードサービスが欲しい。この場合SC内の位置は道路沿いで、店舗は往来する車から認知しやすいようにする。フードサービス業の利用だけでもSCに立ち寄ってもらえるように仕向けるのである。

また、アメリカではNSCの敷地角にはガソリンスタンドがコンビニエンスストアを併設して入居する。日本でもこのような事例が増えている。

敷地面積の有効活用のために2階を使う場合は、塾やスポーツジムのように訪問のつど時間がかかることなら不便ではない。

これで分かるようにNSCは小売業の種類を増やすよりサービス業とフードサービス業の種類を増やすことが大事だ。週に2回、食品の買い物にSMに来店する客がついでに立ち寄り、用事を果たすのに便利な数々のフォーマットを、である。

■営業時間帯と駐車場の便利さ

核店とサブテナントはそれぞれが集客力の高い企業であることが条件である。その点チェーンストア志向企業の方が有利である。

ＳＣディベロッパーがテナント収入確保のために、高い保証金や家賃を払ってくれる企業を優先して入居させるとＳＣの競争力が落ちかねない。それより個々の店舗がその分野で強いパワーを持ったチェーンストアの方がＳＣとしての集客力が高まるのだ。

一部に個人営業の店舗が入居するのはかまわないが、それだけでは弱い。安定した経営システムのもとで標準化したオペレーションが行われているチェーンストアが多いことで、客数は徐々に増え安定する。

フォーマットによって営業時間帯は異なってよい。例えば核店であるＳＭは朝６時から夜10時までの営業、スーパードラッグストアは朝８時から夜９時までの営業と、揃っていなくてもかまわない。またサブテナントのベーカリーなら朝食需要があるから朝７時からだが夜は客が来ないから６時に閉店したいだろう。道路沿いの別棟にあるファストフード店は交通量の多い道路に面していれば深夜も客が立ち寄るから朝６時から深夜２時まで営業するかもしれない。

フォーマットによっては平日と週末で営業時間帯を変更する場合もあるだろう。

オープンエア型ＳＣの場合、エンクローズド型と異なり店の大小にかかわらず出入り口が駐車場に面しているため、個別に営業時間帯を変更できることが有利である。

日本のＳＭは未だに朝10時からと開店が遅い企業が少なくない。しかしそれでは出勤前に立ち寄ることはできないし、朝食用の品を買うこともできない。早朝から活動したい高齢者にとっても不便である。だから24時間営業が常識化したコンビニのほうが便利なのである。

24時間営業である必要はないが、早朝と深夜、特に早朝は何時から営業すべきか、客の立場で再検討が必要である。

駐車しやすい駐車場かどうかも固定客誘致の決め手となる。屋上駐車場は論外だが、平置きでも駐車場内の車道幅が狭ければ通りにくいから幅広く確保したい。また曲がり角は少なくシンプルにすべきである。

さらに駐車区画の幅と長さにも余裕があれば止めやすいから気軽に立ち寄れるが、狭いと2度と来たくなくなる。車への出入りのために運転席側に60センチ以上の空間ができるよう設計したい。

アメリカでは駐車区画線を斜めに引いて車が前進で駐車できるようにしている。そうすることで車のトランクが通路側を向くので、買い物カートが横付けできて荷物の積み替えが楽になるのである。

SMは来店頻度は高いが客の滞店時間は長くない。駐車台数を減らしても入りやすく出やすい設計にした方が有利である。特価特売の習慣があると客が特売日に集中するためにその時だけ余分な駐車台数の確保が必要になるが、特売なしのEDLPなら減らすことが可能である。

近い将来、日本でもSMはNSC出店が常識化するだろう。客にとって便利な業態だからである。これまではSCディベロッパーの専業が育っていなかったために小売業がその業務を兼ねる場合が多かったが、今日では専門業者が増えつつある。本格的なSC間競争時代に備えて、SM企業は準備を進めるべきである。

3. 店舗レイアウトの最適化

■理論を無視した日本の店舗

店舗のレイアウトは、自店の商品構成のすべてを知ってもらうために客が売場全体を満遍なく回遊するように仕向けたい。ところが実際に客動線を調べてみると、客の大多数は売場のごく一部分にしか入り込んでいないのだ。従って買い上げ品目数は少なく、バイヤーが商品調達に努力して品ぞろえを革新しても客に見てもらえず徒労に終わっていることが多い。

売場面積の大小にかかわらず陳列線が細切れで短く、島陳列や突き出し陳列を多用した店は客動線が短くなる。レイアウトが複雑なほど通り道の選択肢が増え、客は陳列線が切れるつど、曲がり角に遭遇するつど、どちらに進むか迷い、結果的に最短距離を選んでしまうからである。だから店内の移動距離が短くなり、買上品目数が少なくなる。客はみな忙しい。特に女性の社会進出が顕著な今日では、食品の買物にかけられる時間は減っているのである。

それでは誰がどのような意図でそのレイアウトを決めたのか。突き詰めてみると内装業者や陳列器具メーカーの提案通りにしている例が多いのだ。しかし、彼らが客動線の伸長を問題にしているとは限らない。

チェーンストアの店舗レイアウトの理論は確立されている。それを学ばずに自己流を通す、あるいは意味を知ろうとせずに他社のもの真似をしても、良い結果が得られるはずがない。

一方、従業者の作業動線も問題である。後方の面積を広く取っているのに作業効率が低い最大の要因は、店で行う作業種類が多すぎるからだが、それにしても後方設計が理屈に合っているとは言い難い。

この厳しいビジネス環境の中で競争に勝つためにはチェーンストアのレイアウト理論を学び、客動線を伸長させることで買い上げ品目数を増やさねばならない。1度来店したら必要な品がすべて揃う便利な店だと、客に信頼してもらわねばならない。そうすることで固定客が頻繁に利用することになるのである。

同時に店の従業者が楽に効率よく作業を進められるように、作業動線を単純化したレイアウトに変更しなければならない。

レイアウトを改善することは方針さえ決めればすぐにできることだから、最優先に取り組むべきである。売上高を回復するためとして特売を頻発し、その準備・後始末に時間をかけるより効果は大きいはずである。

客動線も作業動線も尾行調査で分かるので作業員さえ動員すれば簡単に調べられる。まずは自社の実態を把握することが先である。

■主通路の重要性

店内レイアウトの狙いは、

①客の効果的な回遊の誘導

②従業者の効率的作業動線の確保

③ストアイメージの向上

の3つである。これを前提としてあらゆるものの置き場所が決る。

基本はワンウエイコントロールである。行きつ戻りつが少なく、前進しながら必要なものが確実に買える、または作業が完全にできることが最も効率が良いからである。

全通路をくまなく客に歩いてもらうために、売場は通りやすくなければならない。そのために〝主通路〟を確保する。主通路とは店内を貫通する幅2・5～3メートルの太い通路のことで、そこを通ると全商品部門を見渡すことができる。客は主通路を通り、用事のある売場に入り込み、品選びをしたらまた主通路に戻って先に進む。

SMの場合、主通路は壁に沿ってロの字型に配置され、主通路を通れば壁面側もゴンドラアイルの内側も目に入る。

ところが先に述べたように日本には主通路がはっきりしないSMが多いのだ。主通路のつもりでも幅が2メートルほどしかないのに島陳列を置くから、片側は70センチになってしまう。その上に突きだし陳列があるからますます狭くなり、客同士がすれ違えなくなり迂回を迫られる。これでは主通路の役割が果たせないのだ。

ワンウエイコントロールで客を自然に誘導する。それが主通路の役割である。図表24はアメリカのSSM売場830坪のレイアウトの事例だが、壁面に沿って大きく一巡するように主通路が設定されている。幅はレジ前の広いところは4・5メートル、最も狭いところでも2・5メートルある。右の入り口から入店した客の8割が対角線の角に当たる左奥の冷凍食品売場まで進んで行く。

この点、日本の店では売場面積が狭いのに入り口の対角まで到達する客は5割ほどにしかならない。主通路が通りにくいからそれ以前に客は曲がってしまい、必要な品だけを入手したら最短距離を選んでレジに向かうからである。ここで大きな機会損失が発生していることを認識すべきである。

主通路は①直線で、②曲がり角が少なく、③幅広く、④障害物がない、⑤他の通路より明るいことが条件である。そうすることで客は自分の意志で自然に主通路を一周し、商品構成のすべてを見てくれる。その間にゴンドラアイルに入り込み、必要な品と予定していなかった新たな商品を発見してくれるのである。

■まず動線設計、次に商品配置

図表24の基本レイアウト図の場合、客は右手壁側に購買頻度の高い生鮮食品を見ながら主通路を進む。出入り口が左なら左を見ながら進むことになる。ニーズに従い途中で日持ちするグロサリーや非食品売場に入り込み、また主通路に戻って先に進む。

客にこの動作を繰り返してもらうためには副通路の幅も問題である。大型カートを押しながら他の客と楽にすれ違うために、アメリカでは副通路幅を2・1メートル確保する。ところが日本の場合、広くて1・8メートル、多くは1・5メートルの設定なので、小型でもカートを持って客が副通路に入り込んでいると完全に道を塞いでしまう。だから次の客が入ってこられないのである。この現象は動線調査中にしばしば見受けられるはずだ。

加えてゴンドラエンドにサイドネットをぶら下げたり幟を立てたりすると、客の副通路への

図表24　Walmart Neighborhood Market（SSM）の基本レイアウト図（売場面積830坪）

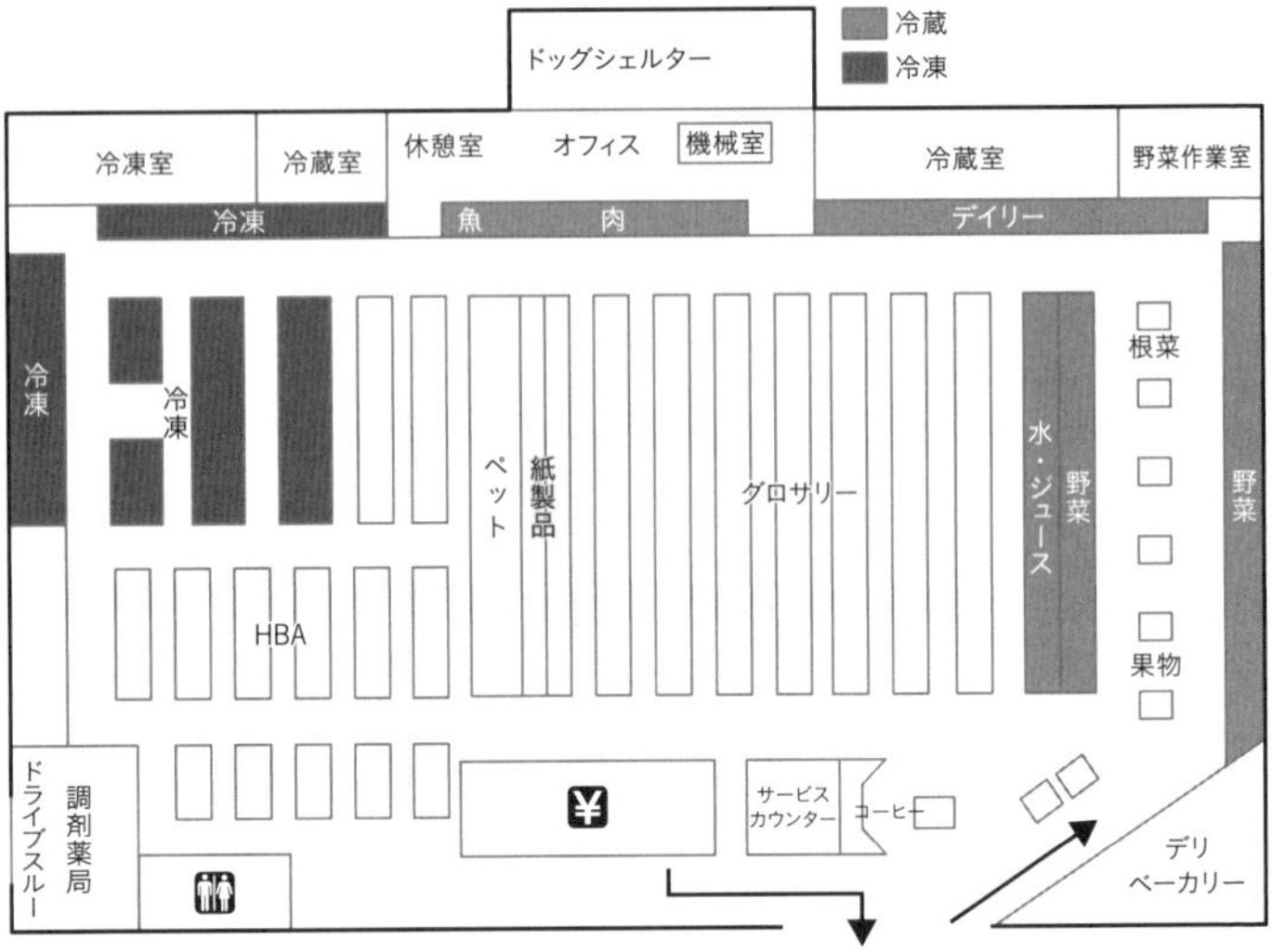

進入をますます阻んでしまう。店段階の従業者に売上高向上の創意工夫を求めると、突き出し陳列やサイドネットが増えて客の店内回遊の点ではマイナス効果になることが多いのである。

また、陳列線の長さもワンウェイコントロールに影響する。日本のようにゴンドラインを短くして中央に通路を設けると、壁面誘導ができなくなる。その結果、客は店内を小さく回るのである。図表24で分かるようにアメリカのSSMチェーンはゴンドラインを28メートルまで続ける。横の通路を入れる場合でも入り口から対角のところまで誘導してからである。

次にどの商品部門をどこに配置する

か、ゾーニングもワンウエイコントロールに影響を与える。客にとっては購買順序に従って商品が並んでいる方が後戻りしなくて済むから便利だ。

一方では主通路外側の主力商品で客の興味を引付けながら、主通路の内側に配置した補助商品が自然に目に入るように仕向けるのである。主力は青果、デイリー、肉、魚など生鮮食品部門である。一方、補助はグロサリーと非食品で主通路の内側に配置される。壁面の主力商品を追いかけながら主通路を進む客には主通路内側の補助商品部門も自然に目に入り、ゴンドラアイルに入り込んでくれるのである。

部門配置の順序は客の購買順序で決まる。まず野菜売場から始まるのは、野菜は購入後日持ちしにくいために週2回の来店のつど、購入するからである。そこからメニューが決まるのだ。肉や魚が後になるのはその両方を一度に買う客は少なくどちらかになるため、野菜より購買頻度が低いからである。

同じSMでも出身フォーマットの違いなどで商品力に強弱がある。強い部門を先に配置した方が誘導しやすくなる。

次に、主通路を確実に進んでもらうためには磁石商品の設定が決め手となる。SMの場合、特に重要なのはゴンドラエンドの第3磁石である。

日本のSMは1980年代までは競って迫力のあるエンドをつくっていたのだが、最近では良い例が見られなくなったのが残念である。

店ごとに店長が工夫するのではなく、本部主導でレイアウトの根本的な引き直しをすることで客の店内回遊性を高め、客数の増加と買い上げ品目数の増加を目指すべきである。

4. 店内物流の合理化

■バックヤードの改善

SMの後方には在庫があふれている。プリパッケージや総菜の調理など店内で加工する商品のために必要なトレーや包装材の在庫も少なくない。だが、圧倒的多数は商品在庫である。

その内訳は2種類あり、ひとつは毎週1回か2回行われる特売の残りである。最近は特売の頻度が高まっているから、回を重ねるごとに売れ残り在庫が累積する。この在庫は売場のスペースに余裕のあるときに再び陳列されるが、なかなかなくならない。

もうひとつは補充用の商品で、特に売れ筋の補充用である。「売れるかもしれない」と期待がかかった死に筋商品が売場を占領するため、売れ筋の陳列量が制限されるからである。この膨大な在庫を店ごとに保管するために後方の面積は広く確保されており、作業場を含めると店舗面積の4割以上を占めることも珍しくない。その分、売場が狭くなる。だからますます売れ筋の1日の販売量が売場に陳列できず、後方在庫が山積みとなる。悪循環になっているのだ。

その結果、時給の高い主任クラスが1日に何度も売場を見に行き、そのつど売れた分だけ補充する。3個、5個と少数の補充をするのに後方に積み上げた段ボールの山から該当する商品の箱を見つけ出し、前に置いてある箱の山をずらし、上に積み上げた箱をどかし、箱を開封して補充できる数だけ抜き出し、それだけを手に持って移動し、売場で補充するのだ。もちろん段ボールの山は元通りにしなければならない。補充の必要性が発生するつど繰り返される効率の悪い作業である。特売の残りも同様に、新たな売場づくりや在庫移動に人時数が費やされることになる。

全店でこうした店内での物流作業に膨大な人件費をかけているのだが、なかなか改善が進まない。店長をはじめ店側の従業者がこの体制に何の疑問も持っていないし、改善すべき本部にも問題意識がないからだ。

一方、アメリカのSSMチェーンには店の後方の倉庫化はありえない。後方に在庫があっても、それは売場単位または棚単位の売場貸し制度によるコンセッショナリーかラックジョバーの店子側の在庫である。店子は自前の従業者が周辺の店舗を巡回して補充作業するので、売場だけでなく後方に在庫置き場を有料で借りている。

コカ・コーラなどのボトラー企業はチェーンのセンターに納品するより、周辺のSSMチェーンとフードサービス業に自分で補充して回るほうが全体の物流コストは低いのである。

したがってアメリカの場合、チェーンストア側の在庫は後方にはほとんどない。それでも欠品が発生しないのは棚割りが正確だからである。予測販売数量プラス最低数量で棚割りされ、次の補充日までに欠品が発生しないように計算されているのだ。

逆に補充しなくて済む、言い換えると在庫が間に合っている商品もない。大量に売れる品目の陳列量は大量に確保され、少量だけ売れる品目の陳列量は少ない。さらに死に筋商品は扱わないから、一定の頻度の補充作業で棚の端から端まで全品目の補充が完了する。

その点、日本の場合、定期の補充作業時でさえ飛び飛びに行われる。全品目補充することなどありえないのだ。売れない商品を膨大に扱っているからである。そのためにしばしば発生する店内物流や作業は、人時生産性を引き下げる大きな原因となっているのである。

■重複品目のカット

日本のSM店舗のバックヤード改善には、短期特価特売を廃止してEDLPにすることと店内作業のセンターへの移行が欠かせない。大手SM企業がその対策を進めているが、完全に移行するには時間がかかる。しかし、すぐにできることも多いのだ。

まずは品揃え改革に着手する。販売数量と陳列数量の正比例化を行うのだ。なかでも13週以上継続して品揃えするステープル・アイテムだけは、過去のPOSデータと補充頻度から一定の期間の正確な販売数量を推算して棚割りをし直す。売れ筋の陳列数量を増やすには死に筋を陳列しておく棚の余裕はない。とくに売れ筋品目と同じような性格を持った重複商品を排除すれば、客にとってかえって選びやすくなるのだ。

日本には品目数を増やすと販売数量が増え、減らすと減るという風説が流布されている。しかし、実際には重複品目がなく品目ごとの違いが明確なほうが、客は求める品目を迷わず見分け購買決定が下しやすくなる。さらに客は目的の品を短時間で入手した後なら、時間的にも精神的にも余裕があるから目的以外の品目の購入も検討できて買上品目数が増えるのである。

つまり重複する品目を減らしたほうが販売数量は多くなるのだ。そのうえで異なる機能の品種が増えれば、新たな購買動機が生まれるから増やしたことの効果が出てくる。

棚割り改革のゴールは品種グループごとに全品目の同時補充である。毎日補充するのは一部の生鮮食品だけ、それも1日1回で済ませられる。あとは隔日または週1回で済むはずだ。そうすれば後方の在庫置き場は売場に転換できる。

もうひとつの問題は物流センターから送られてくる数量である。その日に補充する数量以上を店舗に送られては困るのだ。現状では棚に入らないからと、配送用の箱に中途半端に残った在庫を後方に格納せざるを得ない。そこで後方在庫がたまり、途中補充の店内物流作業が増えるのだ。

合理的な棚割りに変更し、それに合わせた物流体制が取れれば店の補充作業の頻度が減り、店内物流の作業量を大幅に減らすことができる。

■補充作業の合理化

店では人件費のことを考えずに作業を進めているために、本来確保すべき人時生産性6000円の半分しかないのが現状だ。ほかのフォーマットと比較して低すぎる数値である。

店内作業分析で最も多くの人時を費やしている作業が補充である。したがって補充作業を合理化すれば人時生産性が向上し、営業利益が確保できる。

棚割りは商品部の職務だが、店任せになっているなら大量に売れるベーシックアイテムだけは後方在庫を持たず、売場に積み上げることだ。店内物流の機会が減り、しかもそのほうが客の目に止まりやすく、確実に販売数量が増える。逆に売れ筋でない品目の陳列数量は減らす。日中補充しなければならないほど売れるはずがないので、途中補充の作業が発生しない。

そうすることで在庫のありかを熟知しているベテランパートがいらなくなるから、ほかのより重要な作業に回せるのだ。

補充作業は1日1回、開店前か閉店後に集中して行う。いまだにベンダーからの荷受け作業を店で実施している企業は、物流センターがなくてもデポはつくらねばならない。荷受けと店ごとの分配と陳列準備作業を行うセンターである。

店内の補充作業は①陳列整理、②運ぶ、③分配する、④開封する、⑤棚に収める、という一連の作業を難易度と作業量ごとに分割して合理化を図る。現状では分担があいまいなため、かけずり回っている一部の人と手待ち状態になっている多くの作業員がいて効率が悪いのだ。

作業内容は時給と連動していなければならない。時給の低い人に難易度の高い作業をさせれば不完全になり、やり直しのコストがかかる。逆に時給の高い人に難易度の低い作業をさせれば1時間当たり数百円ずつの損害になるのだ。

店段階の作業員は時給の高低にかかわらず、一人ひとりに異なる命令が発令されなければならない。同じ作業種類なら義務の範囲を決める。慣れたパート従業者に新米パート従業者の作業の監督まで包括委任する例が少なくないようだが、それでは完全作業もローコストオペレーションもできないのだ。

作業を難易度別に分け、使う道具と動作と手順をマニュアル化すれば今日来たばかりの新人でも完全作業ができる。店数を増やすことでマーチャンダイジングと店舗オペレーションのシステムにマスのご利益をもたらすチェーンストア経営は、楽に店数が増やせるようにしなければばならない。それは店の従業者の能力に頼っていてはできないことである。景気回復基調で他産業の求人活動が活発化している今日、店の従業者の資質を選んでいる余裕などないのだ。

本部は現場主義と称して店の従業者に工夫や努力を要求するが、本来工夫は本部にいる40歳以上がすべきである。店長が楽に店の従業者を使いこなせる仕組みを本部が構築しなければならない。

競争が本格化しつつある日本のＳＭ業界だが、ここで本部の能力が試される。後方在庫ゼロをめざして物流改革を進め、成功した企業が現れ、店内での商品加工作業をセンターに完全移管した例が増え、ＥＤＬＰ化を軌道に乗せつつある企業も出てきた。横並びだったＳＭ業界で企業間格差が付きつつあるのだ。

おわりに

今日、日本のＳＭ（スーパーマーケット）業界は激動の時代を迎え、大手ＳＭ企業が動き出した。イオングループのマルエツとカスミとマックスバリュ関東の３社が、２０１５年に本格的な経営統合を目指して準備を始めたのだ（２０１５年３月経営統合）。実現すれば店数約４５０店、売上高約６０００億円のＳＭトップ企業が誕生することになる。イオングループはそれ以外にもリージョナルＳＭ企業を数多く傘下に収めているから、それらを総合すれば一大勢力となる。

他にも２００２年に北海道のラルズを中心に３社が統合してアークスが誕生し、その後も東北地方の中堅ＳＭ企業を合併して規模を拡大している。

最新の事例では原信ナルスホールディングスとフレッセイホールディングスがアクシアルリテイリングになり、生協グループも隣接する地域で合併が進行中である。

ようやく変革の機運が高まり、革新の風が吹き始めたと感じられるようになった。

それは１９８０年代のアメリカのＳＳＭ（スーパースーパーマーケット）業界とよく似ている。業界再編が進み、統合化による規模拡大がその時にスムーズに進んだ企業が１９９０年代以降の他フォーマットからの侵略の中で生き残ることができた。

それから20年以上を経過した今日、ウォルマートを核とした食品小売業界の競争は次の段階を迎えている。この業界でもダントツ1位を勝ち取ったウォルマートは他フォーマットからの侵略組である。そして2位は生え抜きのSSMチェーンのクローガーで、まだ多くのエリアで地域占拠率1位を維持している。ところが3位のセーフェイと5位のアルバートソンは、ウォルマートを急先鋒とする新興勢力から侵略されてここ数年業績悪化に喘いでいた。SSM業界に限らず多くのフォーマットでマーケットが飽和を迎えると、2番手3番手が不利益を被るのは当然である。

そこでこの2社が合併することになった。それでもトップ2社の規模には遠く及ばないが、ウォルマートがまだ寡占していないエリアで既存SSM勢力より優位に立とうという戦略である。これも寡占化の進行が早かった非食品専門フォーマットがすでに実行済みで、より小規模の既存勢力を駆逐できるから生き残り策として有効である。本部機能もITシステムも、当然商品部も時間をかけずに一挙に統合するから営業効果と経費削減の影響が期待できるのだ。

アメリカの場合、各社それぞれがチェーンストア経営システムを構築しているため、本部の統合化が早い。基本的に本部と各種センターと店の機能が同じだからである。

その点、日本の企業は支店経営方式が主力でチェーンストア経営システムができていないため本部と店とセンターの機能が企業ごとにまちまちで、一本化が容易ではない。しかし、合併を機に本格的なチェーンシステムに転換しなければ合併した意味がない。その進捗状況で規模拡大の優位性が決まるのだ。

今後、日本ではさらなる企業統合が進むはずである。それを乗り越え、本格的なチェーンストアとなることで企業は規模の利益を活用して消費者に貢献できるのだ。売場面積８００坪前後で標準化した便利で清潔な店舗に、日常の食生活を賄う新鮮で簡便でおいしい食品が豊富に揃う、アメリカのＳＳＭで味わえる便利さと楽しさを実現して欲しい。今こそ日本のＳＭがその改革に一歩近づいた瞬間である。

経営技術はすでに確立されている。欧米のチェーンストア先進国の経験法則を元に体系化したチェーンストアの技術は、日本でも他フォーマットが応用し、独特の法則も加えている。それを学べばチェーン化は可能だ。

進化は現状否定から始まるのである。

日本リテイリングセンター　シニア・コンサルタント
桜井多恵子

［著者］
桜井多恵子（さくらいたえこ）
日本リテイリングセンター　シニア・コンサルタント。
1947年生まれ。女子美術短期大学造形科卒業後、日本リテイリングセンターに勤務。チーフコンサルタント渥美俊一のアシスタントとして、マス・マーチャンダイジングの調査研究を担当。この間、1986年ニューヨーク州立ファッション工科大学ファッション・マーチャンダイジング学科卒業。著書として『新しい売場構成』『サービス』『アメリカのチェーンストア見学』『ストア・コンパリゾン（共著）』（実務教育出版刊）『チェーンストアの商品開発（共著）』『チェーンストアの衣料改革』（ダイヤモンド社）『リミテッド社はなぜ世界最大になれたか』（商業界刊）『私のウォルマート商法（監訳）』（講談社刊）など多数。

連絡先
〒107-0062　東京都港区南青山１-15-３ ペガサスビル
日本リテイリングセンター
電話　03-3475-0621（代表）
http://www.pegasusclub.co.jp/

新・スーパーマーケット革命
ビッグビジネスへのチェーン化軌道

2014年７月17日　第１刷発行
2016年６月10日　第２刷発行

著　者――桜井多恵子
発　売――ダイヤモンド社
〒150-8409　東京都渋谷区神宮前6-12-17
http://www.diamond.co.jp/
販売　TEL03･5778･7240
発行所――ダイヤモンド・リテイルメディア
〒101-0051　東京都千代田区神田神保町1-6-1
http://www.diamond-rm.net/
編集　TEL03･5259･5940
装丁――――荒井雅美
印刷・製本―ダイヤモンド・グラフィック社
編集協力――古井一匡
編集担当――石川純一

ISBN 978-4-478-09039-8